연세 한국어

활용연습 4-1

연세대학교 한국어학당 편

연세대학교 대학출판문화원

연세 한국어
활용연습 4-1

편저자 연세대학교 한국어학당 교재편찬위원회
집필진 손성희 · 최수진 · 김지연 · 이주화 · 이윤미
발행 연세대학교 대학출판문화원

주소 서울시 서대문구 연세로 50
전화 02) 2123-3380~2
팩스 02) 2123-8673
e-mail : ysup@yonsei.ac.kr
http://www.yonsei.ac.kr/press
등록 1955년 10월 13일 제9-60호
인쇄 (주)태화북스
삽화 디투웍스
녹음 MS미디어
성우 윤미나 · 전광주

2013년 3월 5일 1판 1쇄 2016년 7월 20일 1판 5쇄
ISBN 978-89-6850-010-7(08710)
ISBN 978-89-6850-009-1(세트)

값 15,000원(CD포함)

일러두기

- '연세 한국어 활용연습 4'는 중급용 한국어 교재인 '연세 한국어 4'를 보다 효율적으로 학습해 나갈 수 있도록 하기 위해 개발되었다.

- '연세 한국어 활용연습 4'는 총 10과로 이루어져 있으며, 각 과는 5개의 항으로 구성되어 있다.

- 각 과의 1항부터 4항까지는 어휘, 문법 연습으로 구성되어 교재에 나온 어휘와 문법을 연습할 수 있도록 되어 있다. 5항은 한 과의 전체 내용을 총 정리하고 복습하는 내용으로 되어 있으며 학습한 문형과 어휘를 활용한 듣기 연습, 읽기 연습, 말하기 · 쓰기 연습 등으로 구성되어 있다.

- 제5과와 제10과 다음에는 의성어, 의태어, 한자성어, 속담, 관용어를 뜻풀이, 예문, 연습 문제와 함께 제시하였다.

- 5과가 끝날 때마다 복습문제를 넣어 배운 내용에 대한 정리를 할 수 있도록 하였다.

- 학생들의 이해를 돕고자 각 연습 문제의 1번에는 답을 써 주어 보기와 같은 역할을 할 수 있도록 하였다.

- 책의 뒷부분에는 교재에 실린 듣기 연습의 지문과 각 연습문제의 모범 답안을 실어 학생들이 스스로 답을 확인하고 공부하는 데 도움이 되도록 하였다.

- 듣기지문이 녹음된 CD를 첨부하였다.

차례

4-1

4-2

제1과 나의 생활

1과 1항

어휘

1. 다음 [보기]에서 알맞은 말을 골라 빈 칸에 쓰십시오.

[보기] 겁이 나다　적응이 되다　다행이다　옮기다　이용하다

영수야, 오래간만이다. 잘 지내고 있지? 회사도 잘 다니고? 지금도 출근할 때 지하철을 ❶ 이용하 니? 나는 다니던 회사를 그만두고 직장을 ❷ ______ 었어/았어/였어. 새 직장에서 내가 맡은 일은 지금까지 내가 해 본 적이 없는 일이라서 처음에는 ❸ ______ 었는데/았는데/였는데 지금은 ❹ ______ 어서/아서/여서 재미있게 다니고 있다. 정말 ❺ ______ 지? 너는 어떻게 지내고 있니? 이 이메일을 받고 답장해라.

2. 다음 [보기]에서 알맞은 말을 골라 빈 칸에 쓰십시오.

[보기] 도심　주택가　도시 근교　편의 시설　쾌적하다

❶ 우리 하숙집은 집들이 많이 모여 있는 (주택가)에 위치해 있어요.

❷ 스트레스가 많이 쌓일 때는 한적한 ( )으로/로 나가면 좀 풀려요.

❸ ( )에는 30층 이상의 고층 건물이 많아서 아주 번화하다.

❹ 우리 학교는 주변에 산과 나무가 많아서 ( )는/은/ㄴ 환경에서 공부할 수 있어요.

❺ 요즘 오피스텔 중에는 건물 안에 헬스클럽, 슈퍼마켓 등의 ( )이/가 있는 곳도 있다.

문법

–다가 보니

3. 관계 있는 문장을 연결해서 한 문장으로 만드십시오.

❶ 재미있게 이야기합니다. •	• 김치가 없으면 밥을 못 먹겠어요.
❷ 한국에서 오래 삽니다. •	• 가끔 오해를 살 때도 있어요.
❸ 주말마다 술을 마십니다. •	• 건강이 많이 나빠졌어요.
❹ 회사에서 서툰 한국말로 의사소통을 합니다. •	• 시간이 많이 지난 줄도 몰랐군요.
❺ 성실하게 맡은 일을 열심히 합니다. •	• 동료들이 제 능력을 알아주던데요.
❻ 밥을 하기가 귀찮아서 인스턴트 식품을 즐겨 먹습니다. •	• 주량이 늘었어요.

❶ 재미있게 이야기하 다가 보니 시간이 많이 지난 줄도 몰랐군요.

❷ ______ 다가 보니 ______

❸ ______ 다가 보니 ______

❹ ______ 다가 보니 ______

❺ ______ 다가 보니 ______

❻ ______ 다가 보니 ______

4. '–다가 보니'를 사용해 대화를 완성하십시오.

❶ 가 : 직장 생활을 한 지 3년 정도 된 것 같은데 그동안 저축은 많이 하셨어요?
나 : 여기 저기 돈을 쓰 다가 보니 돈 모으기가 어렵네요.

❷ 가 : 예전보다 요리 솜씨가 많이 좋아지셨네요.
나 : ______ 다가 보니 요리 실력이 늘었어요.

❸ 가 : 지금 살고 있는 집이 도심에 있어서 싫다면서 집을 안 옮기시네요.
나 : ______ 다가 보니 ______

❹ 가 : 지금 사귀는 남자 친구가 처음 만났을 때는 무뚝뚝하다고 하지 않았어요?
나 : 네, 그런데 ______ 다가 보니 ______

⑤ 가 : 듣기 실력이 많이 향상됐군요. 무슨 비결이라도 있어요?

나 : ....

⑥ 가 : 어떻게 그렇게 여러 나라 문화를 잘 알아요?

나 : ....

–긴 한데

5. 다음을 보고 두 문장을 골라 문장을 만드십시오.

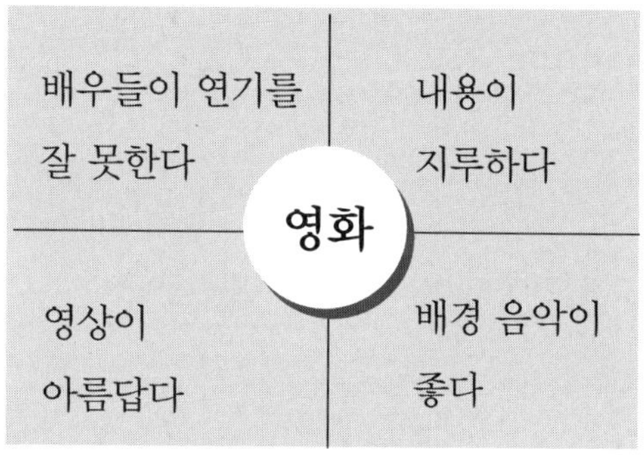

❶ 어제 본 영화는 배경 음악이 좋긴 한데 ~~긴 한데/긴 하는데~~

내용이 지루하다.

❷ 어제 본 영화는 .... 긴 한데/긴 하는데

....

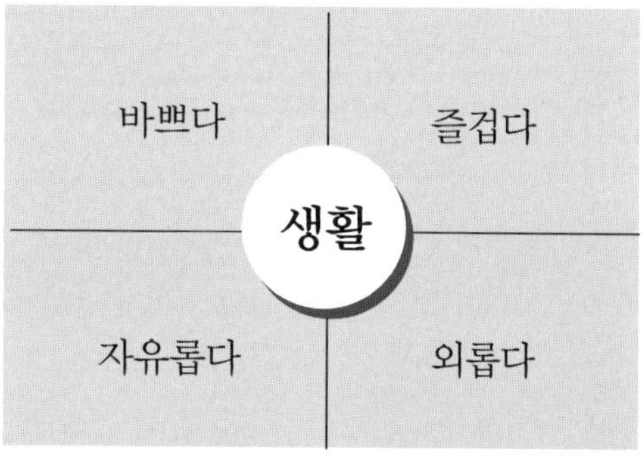

❸ 생활이 .... 긴 한데/긴 하는데

....

❹ 생활이 .... 긴 한데/긴 하는데

....

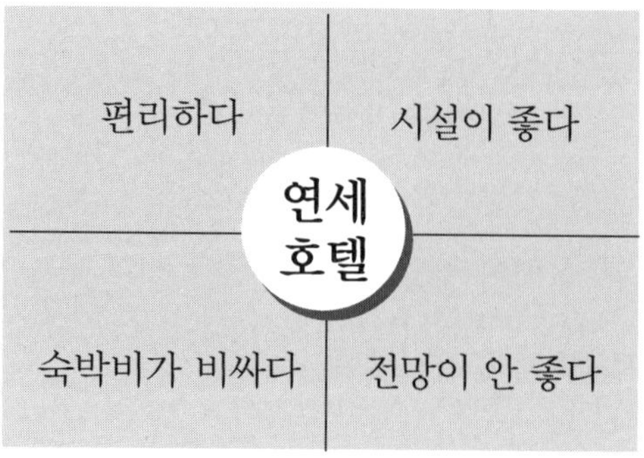

❺ 연세 호텔이 .... 긴 한데/긴 하는데

....

❻ 연세 호텔이 .... 긴 한데/긴 하는데

....

6. '-긴 한데'를 사용해 대화를 완성하십시오.

❶ 자동차 대리점	가 : 지난달에 출시된 신차인데 멋있지요? 나 : ❶ 멋있긴 한데 ~~긴 한데/긴 하는데~~ 실내 공간이 좁은 것 같아요.
❷ 부동산	가 : 이 집이 어때요? 전망이 좋지요? 나 : ❷ ________ 긴 한데/긴 하는데 주변이 너무 시끄럽네요.
❸ 생선 가게	가 : 이 생선이 얼마나 싱싱한지 몰라요. 나 : ❸ ________ 긴 한데/긴 하는데 ________
❹ 휴대폰 가게	가 : 이 휴대폰의 디자인이 마음에 안 드세요? 나 : ❹ ________ 긴 한데/긴 하는데 ________
❺ 가구점	가 : 이 침대가 튼튼해 보이지요? 고급 재료로 만들어진 거예요. 나 : ❺ ________
❻ 옷 가게	가 : 이 옷이 마음에 안 드세요? 손님한테 잘 어울리는데요. 나 : ❻ ________

1과 2항

어휘

1. 다음 [보기]에서 알맞은 말을 골라 빈 칸에 쓰십시오.

[보기]	인생	영향	다름없다	궁금하다	부럽다

❶ 그 선배는 나를 동생처럼 대해 줘서 친언니나 (다름없어요)~~어요/아요/여요~~.

❷ 방학 때 제주도로 여행을 간다는 내 친구가 너무 ( )었다/았다/였다.

❸ 어렸을 때 선생님께서 해 주신 말씀이 나의 가치관에 큰 ( )을/를 끼쳤다.

❹ 시험에 떨어져서 실망하는 경우가 많은데 시험이 ( )의 전부는 아니다.

❺ 어제 우리나라 축구팀이 경기를 했는데 누가 이겼는지 ( )어요/아요/여요.

2. 다음 [보기]에서 알맞은 말을 골라 빈 칸에 쓰십시오.

[보기]	초조하다	뿌듯하다	만족스럽다	당황스럽다	짜증스럽다	부담스럽다

❶ 가 : 여행을 가서 묵은 호텔은 어땠어요?
나 : 음식도 맛없고 시설도 깨끗하지 않아서 ____만족스럽____ 지 않았어요.

❷ 가 : 부모님이 항상 믿고 지원해 주시니까 좋으시겠어요.
나 : 그렇기는 한데 가끔은 부모님의 기대가 ________ 기도 해요.

❸ 가 : 우리 아들이 첫 월급 탄 기념으로 용돈을 줬어요.
나 : 아드님을 잘 키우셔서 정말 ________ 으시겠어요/시겠어요.

❹ 가 : 어머님이 수술하셨다면서요?
나 : 네, 수술이 끝날 때까지 기다리는 동안 얼마나 ________ 었는지/았는지/였는지 몰라요.

❺ 가 : 저 옷 가게에 예쁜 옷이 많네.
나 : 예쁜 옷이 많긴 한데 점원이 너무 불친절해. 내가 옷을 여러 번 입어 보니까 아주 ________ 는다는/ㄴ다는/다는 표정이었어.

❻ 가 : 이제는 한국말 실력이 많이 늘었지?
나 : 아니, 아직도 한국 사람들이 갑자기 질문을 하면 무슨 말인지 몰라서 ________ 을/ㄹ 때가 많아.

문법

–었더라면

3. 다음 상황에 맞게 문장을 완성하십시오.

❶ 집에서 늦게 나와서 버스를 놓쳤다.

→ 집에서 늦게 나오지 않았더라면 ~~었더라면/았더라면/였더라면~~ 버스를 놓치지 않았을 거예요.

❷ 돈을 아껴 쓰지 않아서 용돈이 다 떨어졌다.

→ ______ 었더라면/았더라면/였더라면 용돈이 떨어지지 않았을 거예요.

❸ 과속을 해서 교통사고가 났다.

→ ______ 었더라면/았더라면/였더라면 ______

❹ 늦게 일어나서 수업 시간에 지각했다.

→ ______ 었더라면/았더라면/였더라면 ______

❺ 공부를 열심히 하지 않아서 시험을 못 봤다.

→ ______ 었더라면/았더라면/였더라면 ______

❻ 과음을 자주 해서 병이 났다.

→ ______ 었더라면/았더라면/였더라면 ______

4. '–었더라면'을 사용해 대화를 완성하십시오.

❶ 가 : 이번에도 영어 성적 때문에 입사 시험에 떨어졌다면서요?
나 : 대학교에 다닐 때 영어 공부를 열심히 했더라면 ~~었더라면/았더라면/였더라면~~ 벌써 취직을 했을 거예요.

❷ 가 : 대학교에 다닐 때 동아리 활동을 안 하셨어요?
나 : 네, ______ 었더라면/았더라면/였더라면 대학 생활을 즐겁게 보냈을 거예요.

❸ 가 : 야유회는 즐거우셨어요?

나 : 왜 안 오셨어요? ________________ 었더라면/았더라면/였더라면 ________________

❹ 가 : 심야영화까지 모두 매진이네요.

나 : 그렇군요, ________________ 었더라면/았더라면/였더라면 ________________

❺ 가 : 감기에 걸린 지 오래된 것 같은데 아직 다 안 나았어요?

나 : ________________

❻ 가 : 에어컨을 서비스 센터에 맡기시지 그랬어요.

나 : ________________

–이나 다름없다

5. 다음을 보고 문장을 완성하십시오.

❶ **마이클 씨**
국적 : 미국
좋아하는 음식 : 김치, 된장찌개
주량 : 소주 2병

마이클 씨는 미국사람이지만 김치와 된장찌개와 소주를 좋아해서 한국 사람이나 ~~이나/나~~ 다름없어요.

❷ **술**
알코올 도수 : 1도
성분 : 포도

술이 너무 달고 알코올 도수가 낮아서 ________________ 이나/나 다름없어요.

❸ **호텔**
편의 시설 : 식당과 커피숍이 없음
방 : 고급스럽지 않음

그 호텔은 편의 시설도 없고 방도 고급스럽지 않아서 ________________ 이나/나 다름없어요.

④

내 핸드폰
구입 시기 : 1주일 전
사용 횟수 : 2번

내 핸드폰은 한 달 전에 샀지만 2번밖에 사용하지 않아서 ______________ 이나/나 다름없어요.

⑤

축구 선수
재주 : 노래와 춤
콘서트 횟수 : 2회
CD 판매량 : 30만 장

그 축구 선수는 노래 실력이 아주 뛰어나고 노래 CD도 냈으니 ______________ 이나/나 다름없어요.

⑥

스파게티
소스를 만든 사람 : 어머니
면을 삶은 사람 : 어머니
재료를 볶은 사람 : 나

내가 마지막에 재료를 볶기는 했지만 그 스파게티는 ______________ 이나/나 다름없어요.

6. '-이나 다름없다'를 사용해 다음 대화를 완성하십시오.

❶ 가 : 김 교수님이 영수 씨를 어려서부터 키워 주셨어요.
나 : 영수 씨는 김 교수님께 ______친아들이나______ ~~이나/나~~ 다름없군요.

❷ 가 : 제임스 씨는 학교 근처에 있는 친구 집에서 거의 숙식을 해결해요.
나 : 제임스 씨 친구 집은 ______________ 이나/나 다름없군요.

❸ 가 : 영수 씨가 부탁을 거절했나요?
나 : 못하겠다고 말하지는 않았지만 지금까지 연락이 없는 걸 보면 ______________ 이나/나 다름없어요.

❹ 가 : 친구들과 만나서 게임을 했는데 도박이라니요?
나 : 아무리 친구들과 했다고 해도 큰돈이 오고 간 것이면 ______________ 이나/나 다름없어요.

❺ 가 : 드라마에서 주인공이 들고 다니던 휴대폰이 요즘 최고 인기제품이래.
나 : 그렇겠지, ______________

❻ 가 : 미선 씨, 민철 씨가 숙제를 도와 달라고 했지요?
나 : 네, 그래서 제가 내용을 다 불러 주고 민철 씨는 공책에 쓰기만 했어요.
가 : ______________

1과 3항

어휘

1. 다음 [보기]에서 알맞은 말을 골라서 빈 칸에 쓰십시오.

[보기]	정신을 차리다	산더미	쌓이다	살펴 보다

오랜만에 집에 일찍 와 보니 해야 할 일이 ❶ ____산더미____ 처럼 ❷ ________ 어/아/여 있었다. 요즘은 회사에서 할 일이 많아서 정말 ❸ ________ 을/ㄹ 수가 없다. 그래서 평소에도 실수하는 일이 많아졌다. 전깃불을 끄지 않고 나갈 때도 있고 가져가야 할 서류를 집에 두고 출근할 때도 많다. 앞으로는 주위를 잘 ❹ ________ 는/은/ㄴ 습관을 길러야겠다.

2. 다음 [보기]에서 알맞은 말을 골라서 빈 칸에 쓰십시오.

[보기]	효율적	시간에 쫓기다	시간을 관리하다	목표를 정하다	포기하다

❶ 하루하루의 계획을 세워서 생활하면 (시간을 잘 관리할)~~을/ㄹ~~ 수 있다.

❷ 회사에 다니면서 중국어 수업을 듣는 게 너무 힘들어서 결국 (　　　　　　)고 말았다.

❸ 올해 한국어 능력 시험 5급에 꼭 합격하겠다는 (　　　　　　)었다/았다/였다.

❹ 요즘 사람들은 할 일이 너무 많아서 항상 (　　　　　　)는/은/ㄴ 것 같다.

❺ 예전에는 제품을 손으로 포장하다 보니 일의 속도가 느렸는데, 요즘에는 기계로 하니까 훨씬 (　　　　　　)이다/다.

문법

-도록[1]

3. 다음 표를 보고 대화를 완성하십시오.

걱 정	조 언
날마다 야식을 먹다가 보니 몸무게가 늘었다.	❶ 살이 찌지 않 도록 야식을 줄여 보세요.
부모님께 전화를 안 해서 걱정을 많이 하시는 것 같다.	❷ .... 도록 자주 전화를 드리세요.
컴퓨터 게임을 많이 하다가 보니 아침에 늦게 일어나는 일이 많다.	❸ .... 도록 게임하는 시간을 줄이세요.
요즘 친구와 영어로 이야기하다가 보니 한국말 실력이 늘지 않는다.	❹ .... 도록 친구들과 한국말로 이야기하는 연습을 하세요.
급하게 밥을 먹어서 체할 때가 많다.	❺ .... 도록 밥을 천천히 드세요.
요즘 계획 없이 살아서 시간을 낭비하는 것 같다.	❻ .... 도록 계획을 세워서 생활해 보세요.

4. '-도록'을 사용해 다음 대화를 완성하십시오.

❶ 가 : 남은 음식을 어떻게 할까요?
나 : 상하지 않 도록 냉장고에 넣어 두세요.

❷ 가 : 아침 저녁으로 일교차가 심해서 옷을 어떻게 입어야 할지 모르겠어요.
나 : 환절기에는 .... 도록 옷을 따뜻하게 입는 게 좋겠지요.

❸ 가 : 얼마 전에 한국에 온 고향 친구가 한국 생활을 힘들어해요.
나 : .... 도록 많이 도와주세요.

❹ 가 : 영수 씨가 제 말을 오해한 것 같은데 어떻게 하지요?
나 : .... 도록 다시 한 번 잘 말해 보세요.

❺ 가 : 시험에 나올 단어를 외워야 하는데 자꾸 잊어 버려요.
나 : ....

❻ 가 : 쇼핑을 할 때 필요 없는 물건도 생각 없이 사게 돼요.
나 : ....

–는다고 해서

5. 다음 문장을 완성하십시오.

민수의 생각	반론
"나는 성공하면 행복하게 살 수 있다고 생각합니다."	❶ 성공한다고 ~~는다고/ㄴ다/다고~~ 해서 다 행복하게 살 수 있는 건 아니에요.
"돈만 있으면 하고 싶은 걸 다 할 수 있어요."	❷ ______ 는다고/ㄴ다/다고 해서 하고 싶은 걸 다 할 수 있는 건 아니에요.
"두 사람이 조금씩만 양보하면 문제가 해결될 거예요."	❸ ______ 는다고/ㄴ다/다고 해서 해결될 문제는 아닌 것 같아요.
"외국어만 잘 하면 원하는 회사에 취직할 수 있어요."	❹ ______ 는다고/ㄴ다/다고 해서 원하는 회사에 취직할 수 있는 건 아니에요.
"나는 내가 맡은 일만 열심히 하면 더 빨리 승진할 수 있을 거라고 생각해요."	❺ ______ 는다고/ㄴ다/다고 해서 빨리 승진할 수 있는 건 아니에요.
"나는 실력이 있으니까 반드시 성공할 수 있을 거예요."	❻ ______ 는다고/ㄴ다/다고 해서 반드시 성공하는 건 아니에요.

6. '–는다고 해서'를 사용해 다음 대화를 완성하십시오.

❶ 가 : 운동만 열심히 하면 살을 뺄 수 있을까요?
나 : 운동만 열심히 한다고 ~~는다고/ㄴ다고/다고~~ 해서 살을 뺄 수 있는 건 아니에요. 음식량도 줄여야지요.

❷ 가 : 자격증을 많이 따면 좋은 회사에 취직할 수 있을까요?
나 : ______ 는다고/ㄴ다/다고 해서 좋은 회사에 취직할 수 있는 건 아니에요.

❸ 가 : 교통비를 아끼면 생활비를 좀 줄일 수 있지 않을까요?
나 : ______ 는다고/ㄴ다/다고 해서 생활비를 줄일 수 있는 건 아니에요.

❹ 가 : 담뱃값을 올리면 흡연율이 낮아질 거라고 봐요.
나 : ______ 는다고/ㄴ다/다고 해서 ______

❺ 가 : 정부가 노력하면 환경 문제가 해결될 텐데요.
나 : ______

❻ 가 : 요즘같이 경기가 나쁠 때는 주식에 투자하면 큰돈을 벌 수 있을 것 같아요.
나 : ______

1과 4항

어휘

1. 다음 [보기]에서 알맞은 말을 골라 빈 칸에 쓰십시오.

[보기] 양로원 봉사활동 용기가 나다 시간을 내다

멋진 주말을 보내고 싶다고요?

노래방? 술집? 다 좋지만 ❶ 시간을 내서 ~~어서/아서/여서~~ 다른 사람들을 도와주는 건 어떨까요?

다른 사람을 도와주고 싶지만 ❷ ________ 지 않는다고요?

저희 동아리에 가입하세요.

주말마다 ❸ ________ 에서 노인 분들의 말동무가 되어 드리는 건 어떨까요?

작은 일이지만 ❹ ________ 을/를 통해서 정말 많은 행복을 느끼게 될 겁니다.

지금 바로 연락하세요!

2. 다음 [보기]에서 알맞은 말을 골라 빈 칸에 쓰십시오.

[보기] 명예 미모 출세 지혜 체력

❶ 우리 언니는 빼어난 (미모)와/~~과~~ 재능을 함께 가졌다.

❷ 열심히 노력해서 사회에서 유명한 사람이 되었으니까 ( )했다고 할 수 있다.

❸ 김영수 박사는 이번 논문 발표로 생물학계의 일인자라는 ( )을/를 얻었다.

❹ 퇴근 후에 하루도 빠짐없이 운동하니까 ( )이/가 많이 좋아졌어요.

❺ 웃어른들을 보면서 학교에서 배울 수 없는 생활의 ( )을/를 많이 얻는다.

문법

-는다 -는다 하는 게

3. 다음 문장을 완성하십시오.

계 획	못 하고 있는 일
영어 학원 등록하기	❶ 영어 학원에 등록한다 ~~는다/ㄴ다~~ 한다 ~~는다/ㄴ다~~ 하는 게 시간이 없어서 아직도 못 하고 있다.
담배 끊기	❷ ______ 는다/ㄴ다 ______ 는다/ㄴ다 하는 게 아직도 못 끊고 있다.
운전 배우기	❸ ______ 는다/ㄴ다 ______ 는다/ㄴ다 하는 게 아직도 못 배우고 있다.
아침마다 운동하기	❹ ______ 는다/ㄴ다 ______ 는다/ㄴ다 하는 게 아직도 못 하고 있다.
인터넷 강의 듣기	❺ ______ 는다/ㄴ다 ______ 는다/ㄴ다 하는 게 아직도 못 듣고 있다.
주말에 어머니의 집안일 도와 드리기	❻ ______ 는다/ㄴ다 ______ 는다/ㄴ다 하는 게 바빠서 아직도 못 도와 드리고 있다.

4. '-는다 -는다 하는 게'를 사용해 대화를 완성하십시오.

❶ 가 : 고장 난 청소기를 서비스 센터에 맡기셨어요?
나 : 서비스 센터에 맡긴다 ~~는다/ㄴ다~~ 맡긴다 ~~는다/ㄴ다~~ 하는 게 시간이 없어서 아직도 못 맡겼어요.

❷ 가 : 회원 가입을 하면 10% 할인해 준다고 하던데 왜 회원 가입을 안 했어요?
나 : ______ 는다/ㄴ다 ______ 는다/ㄴ다 하는 게 바빠서 아직도 못 했어요.

❸ 가 : 병원에 검사를 받으러 갔다 왔어요?
나 : ______ 는다/ㄴ다 ______ 는다/ㄴ다 하는 게 자꾸 미루게 되네요.

❹ 가 : 이번에 여행갈 곳에 대한 정보를 알아 봤어요?
나 : ______ 는다/ㄴ다 ______ 는다/ㄴ다 하는 게 자꾸 잊어 버려요.

❺ 가 : 게시판에 구인 광고를 냈어요?
나 : ______

❻ 가 : 이번에는 한국어 능력 시험을 보셨어요?
나 : ______

–어 가면서

5. 다음 문장을 만드십시오.

쉬지 않고 열심히 일만 하는 사람	❶ 가끔 쉬어 ~~어/아/여~~ 가면서 일하도록 하세요.
아무것도 먹지 않고 다이어트를 하는 사람	❷ .... 어/아/여 가면서 다이어트를 하세요.
상대방 말을 듣지 않고 자기 말만 하는 사람	❸ .... 어/아/여 가면서 대화를 하세요.
다른 사람과 의논하지 않는 사람	❹ .... 어/아/여 가면서 방법을 찾아 보세요.
맛은 보지 않고 요리 책만 보면서 찌개를 끓이는 사람	❺ .... 어/아/여 가면서 찌개를 끓이세요.
수업 시간에 쓰지 않고 듣기만 하는 사람	❻ .... 어/아/여 가면서 수업을 들으세요.

6. '–어 가면서'를 사용해 다음 대화를 완성하십시오.

❶ 가 : 하루 종일 사무실 책상 앞에서 컴퓨터 작업을 하니까 머리가 아파요.
나 : 가끔 나가서 상쾌한 공기도 마셔 ~~어/아/여~~ 가면서 일하세요.

❷ 가 : 약도만 보고 친구 집을 찾으려고 하니까 힘드네요.
나 : .... 어/아/여 가면서 길을 찾으세요.

❸ 가 : 책을 읽을 때 가끔 단어를 이해하지 못할 때가 있어요.
나 : .... 어/아/여 가면서 읽으세요.

❹ 가 : 핸드폰을 새로 구입했는데 기능이 너무 많아서 알 수가 없어요.
나 : .... 어/아/여 가면서 직접 해 보면 도움이 될 거예요.

❺ 가 : 일만 정신없이 하다 보니 친구도 못 만나고 취미 활동도 못 해요.
나 : ....

❻ 가 : 부산까지 5시간 동안 운전을 해야 해요. 좀 지루할 것 같은데요.
나 : ....

1과 5항

듣기 연습

CD: 01

※ 다음을 듣고 질문에 답하십시오.

1. 이 사람의 생각과 다른 것은 무엇입니까? (　　　)

❶ 학교가 마음에 든다.
❷ 유학 생활이 시간적 여유가 많아서 좋다.
❸ 부모님의 기대로 마음이 편하지 않다.
❹ 처음에 왔을 때 한국어로 말하는 것이 두려웠다.

2. 들은 내용과 같으면 O표, 다르면 X표 하십시오.

❶ 그동안 내 생활은 계획적이지 않았던 것 같다. (　　　)
❷ 한국 생활이 처음에 왔을 때와 같이 여전히 힘들다. (　　　)
❸ 유학 생활을 성공적으로 끝마치기 위해서 시간을 좀 더 효율적으로 사용해야겠다. (　　　)

3. 이 사람이 요즘 자신에게 질문하는 것은 무엇입니까? 3가지 쓰십시오.

❶ ....

❷ ....

❸ ....

읽기 연습

※ 다음을 읽고 질문에 답하십시오.

우리가 살아가면서 겪는 일상생활의 다양한 경험 중에 가장 행복한 순간은 언제일까? 미국의 과학 잡지 '사이언스'에 발표된 한 논문에서는 사람들이 시간을 보내는 유형과 각각의 경험에 대해 어떤 느낌을 갖는지를 조사했다. 조사 결과 친한 사람 만나기, 사교 활동, 휴식, 기도와 명상 등에 대해 사람들은 ㉠ .... 인 감정을 나타냈다. 반면 직장생활이 가장 부정적인 느낌이 강한 것으로 나타났고 아이 돌보기, 출퇴근, 전화 통화 등이 뒤를 이었다.

함께 한 사람 중에는 친구 및 친척이 가장 좋은 느낌으로 인식된 반면, 직장 상사와 동료는 '생각만 해도 기분 나쁜' 사람들이라는 불명예를 안았다. 그 외에 친한 사람들과의 만남과 이메일을 보내거나 인터넷을 하는 등의 컴퓨터를 다루는 일은 능숙한 일로 여겨졌고, 직장 생활과 낮잠을 자는 일은 각각 초조하고 피곤하다는 느낌을 동반했다.

조사 결과 출퇴근을 괴로워하고 친구들을 좋아하는 것처럼 대부분의 활동은 평소 우리가 느끼는 감정들과 크게 어긋나지 않았다. 그러나 의외의 결과도 눈에 띈다. 직장 생활 다음으로 부정적으로 꼽힌 아이 돌보기가 대표적인 예다. 피곤한 느낌을 주는 사람 1, 2위가 남편이나 부인과 자녀인 것도 의문이다. 이 논문에 참여한 슈와츠 교수는 '삶의 기쁨'을 갖다 주는 가족이 부정적인 감정을 낳는 것에 대해서 "대부분의 사람들이 '아이는 무조건 좋다'고 생각하는 경향이 있지만 아이가 귀찮게 하거나 밤새도록 우는 것을 달래야 할 때는 분명히 부정적 감정을 느낀다."고 설명했다.

논문에 따르면 일상에 대한 느낌에 가장 큰 영향을 끼치는 것은 잠을 제대로 자지 못하거나 스트레스 때문에 생기는 가벼운 우울증 등의 개인적인 요인들이었다. 동료의 성격이 꼼꼼하지 못하거나 시간에 쫓기는 일을 해야 하는 등 눈앞에 있는 상황이 좋지 않을 때에도 삶에 대한 감정이 부정적으로 변했다.

슈와츠 교수는 좋은 느낌을 가질 수 있는 일에 많은 시간을 들일 수 있다면 자신이 행복하다고 느낄 것이고, 우리가 행복한 삶을 누릴 수 있도록 적절한 시간 관리를 통해 해야 할 일을 효율적으로 분배해야 한다고 했다.

1. 위 글의 제목으로 적당한 것은 무엇입니까? (   )

❶ 직장 생활의 문제점
❷ 일상에 대한 느낌
❸ 현대 여성들의 부담
❹ 시간 관리의 필요성

2. ㉠ .... 에 들어갈 말로 적당한 것은 무엇입니까?

3. 부정적인 느낌을 갖는 경험에 들지 <u>않는</u> 것은 무엇입니까? (　　)

❶ 전화 통화　　❷ 직장 생활
❸ 아이 돌보기　　❹ 컴퓨터를 다루는 일

4. 위 글의 내용과 같으면 O표, 다르면 X표 하십시오.

❶ 남편이나 부인, 자녀가 가장 피곤한 느낌을 준다는 결과가 나왔다. (　　)
❷ 눈앞에 있는 좋지 않은 상황들이 일상에 대한 느낌에 가장 큰 영향을 끼친다. (　　)
❸ 적절한 시간 관리를 통해 해야 할 일을 효율적으로 분배한다면 행복한 삶을 누릴 수 있을 것이다. (　　)

말하기 · 쓰기 연습

1. 배운 문법을 사용해 친구에게 질문하고 대답하십시오.

질 문	친구 1	친구 2
❶ 한국에 처음 왔을 때 적응이 잘 됐어요? 뭔가 달라진 것이 있습니까? (–긴 한데, –다가 보니)		
❷ 인생에서 후회가 되는 일이 있었다면 뭐예요? 그리고 인생에 영향을 끼친 사람이 누구예요? (–었더라면, –나 다름없다)		
❸ 계획을 세울 필요가 있다고 생각하세요? 아니면 필요없다고 생각하세요? 왜 그렇게 생각하세요? (–도록, –는다고 해서)		
❹ 봉사 활동에 참여하고 있습니까? 참여한다면 어떤 봉사 활동을 하고 싶습니까? (–는다 –는다 하는 게, –어 가다)		

2. 다음 글을 읽고 봉사 활동이 우리 생활에 어떤 영향을 미치는지 써 보십시오. 그리고 친구와 같이 이야기해 보십시오.

> 여러분은 봉사 활동을 해 보신 적이 있습니까? 우리가 할 수 있는 봉사 활동으로는 무엇이 있을까요? 우리 주변에는 의지할 곳 없는 노인들을 위해 양로원을 방문하거나 몸이 불편한 사람들을 위해 그들의 손과 발이 되어 주는 사람들이 많습니다. 봉사 활동을 하는 사람들은 무엇을 위해서 그렇게 자신의 귀중한 시간을 들이는 것일까요? 여러분은 어떤 봉사 활동을 하고 싶습니까? 봉사 활동을 하면 생활이 어떻게 달라질까요?

의태어

1. 활짝

문이나 날개, 꽃이 시원스럽게 완전히 열린 모양

- 개나리와 진달래가 활짝 핀 걸 보니 이제 완전한 봄이군요.

2. 뻘뻘

땀을 매우 많이 흘리는 모양

- 한낮의 무더운 날씨에 사람들이 땀을 뻘뻘 흘리면서 일을 하고 있다.

3. 줄줄

땀이나 물 등이 계속 이어서 부드럽게 흐르는 소리나 모양

- 영화가 너무 슬퍼서 영화를 보는 동안 계속 눈물이 줄줄 흘러 내렸다.

4. 텅

큰 것이 속이 비어 아무 것도 없는 모양

- 명절에는 서울 거리에 가게들도 문을 닫고 차도 거의 없어서 거리가 텅 빈 것 같다.

5. 살금살금

남이 알아차리지 못하도록 눈치를 살펴 가면서 살며시 행동하는 모양

- 아이들이 잠자리를 잡으려고 살금살금 다가간다.

6. 꾸벅꾸벅

머리나 몸을 자꾸 앞으로 많이 숙였다가 드는 모양

- 봄이라서 그런지 사무실에는 꾸벅꾸벅 조는 사람들이 많다.

7. 반짝반짝

작은 빛이 잇따라 잠깐 빛났다가 사라졌다가 하는 모양

- 밤하늘의 별들이 반짝반짝 빛나는 모습이 정말 아름답다.

8. 꽉

힘주어 누르거나 잡거나 묶는 모양

- 흔들리는 버스 안에서는 넘어지지 않게 손잡이를 꽉 잡으십시오.

9. 방실방실

입을 예쁘게 살짝 벌리고 소리 없이 밝게 자꾸 웃는 모습

- 내 동생은 귀엽고 사랑스럽게 방실방실 웃는다.

10. 주룩주룩

굵은 물줄기나 빗물 따위가 빠르게 자꾸 흐르면서 내는 소리나 모양

- 늦가을, 밤늦도록 멈추지 않고 주룩주룩 내리는 비를 보면서 왠지 모를 외로움을 느낀다.

의태어 연습

1. 울던 아이가 엄마를 보더니 다시 (   ) 웃어요.

2. 수업이 끝나고 학생들이 다 나간 후 (   ) 빈 교실에 혼자 앉아 있었다.

3. 그 아이의 눈은 유난히 (   ) 빛나요.

4. 너무 더워서 가만히 있어도 땀이 (   ) 흘러요.

5. 장마철이라서 하루 종일 비가 (   ) 내린다.

6. 표정이 너무 굳어 있어요. (   ) 웃으세요. 이제 사진 찍습니다!

7. 이 옷은 몸에 너무 (   ) 끼는데요. 좀 큰 사이즈로 주세요.

8. 스포츠 센터에 가면 사람들이 땀을 (   ) 흘리면서 열심히 운동해요.

9. 영수 씨가 어제 잠을 못 잤는지 오늘 수업 시간에 계속 (   ) 졸아요.

10. 어제 밤 12시에 하숙집에 들어갔는데 다른 사람들이 깰까 봐 (   ) 들어갔다.

제 2 과 사람의 성격

2과 1항

어휘

1. 다음 [보기]에서 알맞은 말을 골라 빈 칸에 쓰십시오.

[보기] 활달하다 적극적 수줍음을 타다 낯을 가리다 첫인상

안녕하세요? 고민이 있어서 글을 올립니다. 저는 제 성격을 고치고 싶은데 고치기가 어렵습니다. 저는 ❶ 낯을 가려서 ~~아서/어서/여서~~ 처음 만나는 사람 앞에서는 말이 잘 안 나옵니다. 그래서 소개팅을 나가면 여자들이 저의 ❷ ________ 은/는 좋다고 하는데 이런 ❸ ________ 는/은/ㄴ 성격 때문에 여자들이 저를 멀리하는 것 같습니다. 여자가 마음에 들면 남자인 제가 ❹ ________ 으로/로 행동해야 되는데 그렇게 하지 못합니다. 저는 누구에게나 편하게 말도 잘 거는 ❺ ________ 는/은/ㄴ 사람이 부럽습니다.

2. 다음 [보기]에서 알맞은 말을 골라 빈 칸에 쓰십시오.

[보기] 명랑하다 느긋하다 솔직하다 외향적이다 덜렁거리다 변덕스럽다

❶ "내 사촌 동생은 친구들과 얘기할 때도 잘 웃고 아무리 기분 나쁜 일이 생겨도 크게 신경 쓰지 않는 편이에요." (명랑하다)

❷ "내 직장 동료는 좋으면 좋다, 싫으면 싫다고 말하는 등 감정을 숨기지 않는 편이에요." (   )

❸ "내 동생은 이것을 하고 싶어 하다가 저것을 하고 싶어 하는 등 마음이 금방 바뀌어요." (   )

❹ "내 후배는 물건도 잘 잃어버리기도 하고 걸어가다가 잘 넘어지기도 합니다." (   )

❺ "내 친구는 남들한테 말도 잘 걸고 항상 같이 뭘 하자고 먼저 말할 때가 많아요." (   )

❻ "우리 오빠는 무슨 일을 하든지 항상 서두르지 않고 시험 결과 같은 것을 기다릴 때도 초조해하지 않아요." (   )

문법

-는지

3. 관계있는 문장을 연결해서 한 문장으로 만드십시오.

❶ 웨이 씨가 준비를 열심히 했습니다. •	• 안 시원해요.
❷ 영수 씨가 제 친구에게 관심이 있습니다. •	• 자꾸 물어봐요.
❸ 정희 씨에게 무슨 문제가 생겼습니다. •	• 발표를 잘 했어요.
❹ 공연이 볼 만합니다. •	• 표정이 어두워요.
❺ 에어컨이 고장났습니다. •	• 용서를 빌고 있어요.
❻ 민철 씨가 잘못을 했습니다. •	• 관객들의 평이 좋아요.

❶ 웨이 씨가 준비를 열심히 했는지 ~~는지/은지/ㄴ지~~ 발표를 잘 했어요.

❷ ________ 는지/은지/ㄴ지 ________

❸ ________ 는지/은지/ㄴ지 ________

❹ ________ 는지/은지/ㄴ지 ________

❺ ________ 는지/은지/ㄴ지 ________

❻ ________ 는지/은지/ㄴ지 ________

4. 다음은 웨이의 일기입니다. 다음 문장을 완성하십시오.

오늘은 올가 씨와 약속이 있는 날이다. 약속 장소인 강남역까지 가기 위해 버스를 탔다. 그런데 명동 근처에서 ❶ 사고가 났는지 ~~었는지/았는지/였는지~~ 길이 많이 막혔다. 그러나 다행히 제시간에 도착할 수 있었다. 그런데 올가 씨는 ❷ ________ 는지/은지/ㄴ지 30분이나 기다려도 오지 않았다. 한 10분 더 기다리니까 올가 씨가 뛰어왔다. 그런데 ❸ ________ 는지/은지/ㄴ지 표정이 안 좋아 보였다. 오다가 지갑을 잃어버려서 그걸 찾느라고 늦었다고 했다. 그런데 결국 못 찾은 모양이었다. 우리는 우선 분실 신고를 하고 저녁을 먹으러 갔다. 큰길가에 식당이 있었는데 ❹ ________ 는지/은지/ㄴ지 사람들이 아주 많았다. 그래서 우리는 그 식당에 들어가서 음식을 시켰는데 맛이 별로였다. 저녁을 먹고 우리는 영화를 보러 극장에 갔다. 그런데 ❺ ________ 는지/은지/ㄴ지 매표소 앞에 사람이 하나도 없었다. 우리는 다음에 영화를 보기로 하고 같이 쇼핑하러 갔다. 근처 백화점에 들어갔는데 ❻ ________ 는지/은지/ㄴ지 사람이 평소보다 많았다.

-다가 보면

5. 다음을 보고 문장을 만드십시오.

경 험	부딪치는 문제
외국어 학습	포기하고 싶은 마음이 든다.
유학 생활	외롭다.
여행	잘못된 정보로 고생한다.
도시 생활	자연이 그리워진다.
사업	일이 내 뜻대로 되지 않는다.
직장 생활	동료와의 의견 충돌이 생긴다.

❶ 외국어를 배우 다가 보면 포기하고 싶은 마음이 들 때가 있어요.

❷ .... 다가 보면 외로울 때가 있어요.

❸ .... 다가 보면 ....

❹ .... 다가 보면 ....

❺ .... 다가 보면 ....

❻ .... 다가 보면 ....

6. '-다가 보면'을 사용해 다음 대화를 완성하십시오.

❶ 가 : 발음이 안 좋은데 어떻게 해야 하지요?
나 : 자꾸 연습하 다가 보면 발음이 좋아질 거예요.

❷ 가 : 김 선생님 부부는 말투나 행동이 거의 비슷해요.
나 : .... 다가 보면 서로 닮아가는 것 같아요.

❸ 가 : 제 성격이 지나치게 내성적이라서 친구들과 만나도 잘 어울리지 못해요.
나 : .... 다가 보면 ....

❹ 가 : 수영을 시작한 지 한 달이나 됐는데 왜 살이 안 빠지죠?
나 : .... 다가 보면 ....

❺ 가 : 어떻게 하면 우리 반 친구들과 빨리 친해질까요?
나 : ....

❻ 가 : 직장 동료 때문에 기분이 상한 적이 많아요.
나 : ....

2과 2항

어휘

1. 다음 [보기]에서 알맞은 말을 골라 빈 칸에 쓰십시오.

[보기] 취직　　호기심　　상상력　　풍부하다　　살리다　　적성

〈사람을 구합니다〉

아직도 ❶ 취직 을/를 못해서 고민이십니까? 우리 회사로 오십시오. 광고를 만드는 회사입니다. 신문방송학 쪽이나 어문 계열을 전공하신 분은 그 전공을 ❷ ______ 을/ㄹ 수 있는 좋은 기회입니다. 모든 일에 ❸ ______ 을/를 보이고 ❹ ______ 이/가 뛰어나며 감정이 ❺ ______ 은/ㄴ 분을 찾습니다. 이 일이 ❻ ______ 에 맞다고 판단되시면 어서 문을 두드리십시오.

2. 공통으로 들어가는 단어를 보기에서 고르십시오.

[보기] –사　　–가　　–수　　–원　　–자

❶ 원 : 은행☐　회사☐　공무☐　승무☐

❷ ______ : 판☐　변호☐　간호☐　마술☐

❸ ______ : 과학☐　근로☐　기술☐　교육☐

❹ ______ : 예술☐　사업☐　음악☐　건축☐

❺ ______ : 소방☐　무용☐　목☐　가☐

문법

–더니[1]

3. 관계있는 문장을 연결해서 한 문장으로 만드십시오.

❶ 어렸을 때부터 상상력이 풍부합니다. •	• 빚을 많이 졌어요.
❷ 날마다 뉴스를 듣습니다. •	• 살이 5Kg이나 쪘어요.
❸ 공부에는 관심이 없습니다. •	• 집을 한 채 샀어요.
❹ 육식만 합니다. •	• 대학교 시험에 떨어졌어요.
❺ 돈을 아끼지 않고 막 씁니다. •	• 영화감독이 됐어요.
❻ 낭비하지 않고 열심히 저축합니다. •	• 듣기 실력이 아주 좋아졌어요.

❶ 어렸을 때부터 상상력이 풍부하 더니 영화감독이 됐어요.

❷ ________ 더니 ________

❸ ________ 더니 ________

❹ ________ 더니 ________

❺ ________ 더니 ________

❻ ________ 더니 ________

4. '–더니'를 사용해 대화를 완성하십시오.

❶ 가 : 영수 씨하고 지금도 연락하세요?
나 : 아니요, 미국에 가 더니 연락이 없어요.

❷ 가 : 어, 조금 전에 미선 씨를 본 것 같은데 미선 씨는 어디에 갔어요?
나 : ________ 더니 나갔어요.

❸ 가 : 문제가 심각해지지 전에 진호 씨에게 충고라도 좀 하지 그랬어요?
나 : 여러 번 충고를 했는데도 ________ 더니 결국 이렇게 되고 말았어요.

❹ 가 : 마리아 씨가 이번에 수석 졸업을 했다면서요? 정말 대단해요.
나 : ________ 더니 ________

❺ 가 : 이 선생님이 병원에 입원하셨다면서요?
나 : ________

❻ 가 : 민철 씨가 방송국 기자 시험을 봤는데 떨어졌대요.
나 : ________

–으면 뭘 해요?

5. 다음을 보고 대화를 완성하십시오.

❶ 행복의 조건

- 정신적인 스트레스가 없어야 한다.
- 신체적으로 건강해야 한다.
- 돈이 많아야 한다.

가 : 정신적인 스트레스가 없어야 행복하다고 할 수 있을 것 같아요.

나 : 정신적인 스트레스가 없으면 ~~으면/면~~ 뭘 해요? 신체적으로도 건강해야지요.

❷ 배우자의 조건

- 가정환경이 좋아야 한다.
- 취미가 같아야 한다.
- 성격이 좋아야 한다.

가 : 저는 가정환경이 좋은 사람하고 결혼해야 된다고 봐요.

나 : ________________ 으면/면 뭘 해요? 성격이 좋아야지요.

❸ 직장의 조건

- 월급이 많아야 한다.
- 근무 환경이 좋아야 한다.
- 일이 적성에 맞아야 한다.

가 : 회사를 선택할 때 월급이 제일 중요하다고 봐요.

나 : ________________ 으면/면 뭘 해요?

____

❹ 취업의 조건

- 영어를 잘 해야 한다.
- 명문 대학교를 졸업해야 한다.
- 일 처리 능력이 뛰어나야 한다.

가 : 요즘에 영어를 못하면 취직하기 어려운 것 같아요.

나 : ________________ 으면/면 뭘 해요?

____

❺ 가수의 조건

- 외모가 멋있다.
- 노래 실력이 좋아야 한다.
- 춤을 잘 춰야 한다.

가 : 콘서트에서 노래를 불렀던 가수는 외모가 정말 멋있지 않아요?

나 : ________________ 으면/면 뭘 해요?

____

⑥ 부모가 바라는 자식의 모습

- 공부를 잘 했으면 좋겠다.
- 인간성이 좋았으면 좋겠다.
- 뛰어난 재능을 발휘했으면 좋겠다.

가 : 자식이 공부를 잘 하면 그것보다 기쁜 일은 없을 것 같아요.

나 : ________________ 으면/면 뭘 해요? ________________

6. '–으면 뭘 해요?'를 사용해 다음 대화를 완성하십시오.

❶ 가 : 하숙집이 가까워서 좋겠어요.

나 : 가까우면 ~~으면/면~~ 뭘 해요? 주위가 시끄러워서 밤에 잘 수가 없는데요.

❷ 가 : 필기시험에 합격하셨다면서요? 축하드려요.

나 : ________________ 으면/면 뭘 해요? 면접시험을 잘 봐야지요.

❸ 가 : 이번 달부터 월급이 10% 인상된다는 소식을 들으셨죠?

나 : ________________ 으면/면 뭘 해요? ________________

❹ 가 : 이사철이 지나고 나니 아파트 값이 좀 내렸던데요.

나 : ________________ 으면/면 뭘 해요? ________________

❺ 가 : 시험공부 계획을 잘 세우셨네요.

나 : ________________

❻ 가 : 아이의 성격이 적극적이고 활달한 것 같아요.

나 : ________________

2과 3항

어휘

1. 다음 [보기]에서 알맞은 말을 골라서 빈 칸에 쓰십시오.

[보기]	자라다	외동딸	장남	부족하다	싸우다	달리

❶ 나는 어렸을 때 다른 아이들과 (달리) 혼자 있는 것을 좋아했다.

❷ 부모들은 누구나 아이가 건강하게 ( )기를 바란다.

❸ 요즘은 할 일이 너무 많아서 잠 잘 시간이 ( )는다/ㄴ다/다.

❹ 나는 형제자매 없이 ( )으로/로 자라서 어린 시절에 조금 외로웠다.

❺ 두 사람이 어제 ( )는지/은지/ㄴ지 오늘은 통 말을 안 한다.

❻ 한국에서는 전통적으로 ( )이/가 부모님을 모시고 살아야 했는데 요즘은 꼭 그렇지는 않다.

2. 다음 [보기]에서 알맞은 말을 골라서 빈 칸에 쓰십시오.

[보기]	습하다	건조하다	시원하다	쌀쌀하다	화창하다

❶ 그동안 하고 싶었던 말을 솔직히 하고 나니 마음이 정말 (시원해졌다)~~어졌다/아졌다/여졌다~~.

❷ 요즘 같은 가을철에는 피부가 ( )어져서/아져서/여져서 크림을 자주 발라야 한다.

❸ 비가 자주 내리는 장마철에는 기온이 높고 ( )기 때문에 불쾌지수도 높아진다.

❹ 11월이 되면 아침저녁으로 ( )어서/아서/여서 따뜻한 옷을 가지고 다녀야 한다.

❺ 5월은 날씨가 맑고 ( )기 때문에 계절의 여왕이라고 불린다.

문법

-을 게 아니라

3. 다음 표를 보고 대화를 완성하십시오.

❶ 체력을 기르고 싶어서 건강식품을 많이 먹는다.	운동을 한다.
❷ 한국말을 잘 하고 싶어서 단어만 많이 외운다.	한국 친구를 사귄다.
❸ 주말에 집에서 텔레비전을 본다.	취미 활동을 한다.
❹ 직장 동료의 말에 스트레스를 받으면 그냥 참는다.	솔직하게 얘기한다.
❺ 좋아하는 사람에게 마음을 전하고 싶어서 날마다 꽃을 사 준다.	좋아한다고 고백한다.
❻ 한국 젊은이들의 문화를 알고 싶어서 관련 서적을 많이 읽는다.	직접 문화 체험 활동을 한다.

❶ 체력을 기르고 싶으면 ______건강식품만 먹을______ ~~을/ㄹ~~ 게 아니라 운동을 해 보세요.

❷ 한국말을 잘 하고 싶으면 ____________________ 을/ㄹ 게 아니라 한국 친구를 사귀어 보세요.

❸ 주말에 집에서 ____________________ 을/ㄹ 게 아니라 취미 활동을 해 보세요.

❹ 직장 동료의 말에 스트레스를 받으면 ____________ 을/ㄹ 게 아니라 솔직하게 얘기해 보세요.

❺ 좋아하는 사람에게 마음을 전하고 싶으면 ____________________ 을/ㄹ 게 아니라

____

❻ 한국 젊은이들의 문화를 알고 싶으면 ____________________ 을/ㄹ 게 아니라

____

4. '-을/ㄹ 게 아니라'를 사용해 다음 대화를 완성하십시오.

❶ 가 : 옆집에서 들리는 음악 소리가 너무 시끄러운데 그냥 참고 있어요.
나 : ______그렇게 참고만 있을______ ~~을/ㄹ~~ 게 아니라 가서 이야기해 보세요.

❷ 가 : 친구가 내 말을 오해한 것 같아서 걱정이에요.
나 : ____________________ 을/ㄹ 게 아니라 솔직히 얘기해 보세요.

❸ 가 : 저는 모르는 단어를 사전에서 찾는데 그래도 이해가 안 될 때가 많아요.
나 : ____________________ 을/ㄹ 게 아니라 선생님께 물어 보세요.

❹ 가 : 며칠 전부터 머리가 아파서 계속 약을 먹고 있는데 낫지를 않아요.
나 : ______________________ 을/ㄹ 게 아니라 병원에 가서 진찰을 받아 보세요.

❺ 가 : 영수 씨는 문제가 생길 때마다 도와 달라고 부탁을 하는데 어떻게 하면 좋을까요?
나 : ______________________

❻ 가 : 세탁기를 수리해 달라고 요청했는데 일주일이 지나도 연락이 없어요. 계속 기다려야 하는 건지 모르겠어요.
나 : ______________________

–었다 하면

5. 다음 문장을 완성하십시오.

❶ 사람들이 모인다.	→ 정치에 대한 이야기를 한다.
❷ 사장님은 회의에서 말을 시작한다.	→ 끝이 없다.
❸ 친구들을 만난다.	→ 노래방에 간다.
❹ 친한 친구와 전화를 한다.	→ 한 시간 이상 전화를 한다.
❺ 인터넷 게임을 한다.	→ 밤을 샌다.
❻ 화가 난다.	→ 이틀 이상 말을 안 한다.

❶ 선거 기간이라서 요즘 사람들이 모였다 ~~았다/었다/였다~~ 하면 정치에 대한 이야기만 한다.

❷ 사장님은 회의에서 ______________ 았다/었다/였다 하면 끝이 없다.

❸ 주희는 노래를 좋아해서 ______________ 았다/었다/였다 하면 노래방에 간다.

❹ 우리 엄마는 ______________ 았다/었다/였다 하면 ______________

❺ 진수는 게임을 좋아해서 ______________ 았다/었다/였다 하면 ______________

❻ 영수는 ______________ 았다/었다/였다 하면 ______________

6. 다음은 기자의 인터뷰입니다. '-었다 하면'을 사용해 대화를 완성하십시오.

❶ 올림픽 수영 금메달 선수

기자 : 어렸을 때부터 수영을 좋아했습니까?

선수 : 네, 수영을 .... 했다 .... ~~았다/었다/였다~~ 하면 서너 시간은 했어요.

❷ 햄버거 많이 먹기 대회 우승자

기자 : 축하합니다. 평소에도 이렇게 햄버거를 많이 드십니까?

우승자 : 네, ... 었다/았다/였다 하면 스무 개 정도는 먹었어요.

❸ 독서왕

기자 : 축하합니다. 일주일에 몇 권 쯤 책을 읽습니까?

학생 : 보통 .... 었다/았다/였다 하면 일주일에 한 20권 정도 읽어요.

❹ 근육왕

기자 : 평소에 얼마나 운동을 하십니까?

근육왕 : 글쎄요, ... 었다/았다/였다 하면 한 서너 시간은 하는 편이에요.

❺ 게임왕

기자 : 어렸을 때부터 게임에 소질이 있었습니까?

게임왕 : 네, ...

❻ 자전거 대회 우승자

기자 : 오늘 13시간 동안 자전거를 타셨는데요, 힘들지 않으세요?

우승자 : 힘들긴요, 평소에도 ....

2과 4항

어휘

1. 다음 [보기]에서 알맞은 말을 골라 빈 칸에 쓰십시오.

[보기]	쓰러지다	혈압	명상	귀 기울이다	타고나다

❶ 나는 (혈압)이/~~가~~ 조금 높은 편이어서 평소에 무리한 운동이나 일을 하지 않아야 하고 음식도 조심해서 먹어야 한다.

❷ 스트레스가 많은 현대인들에게는 편안한 분위기에서 조용한 음악을 들으며 정신을 집중하는 (   )이/가 도움이 된다.

❸ 자신의 성격을 고치려면 친구들의 충고에 (   )어야/아야/여야 한다.

❹ 어제 아버지가 갑자기 (   )어서/아서/여서 병원에 입원하셨다.

❺ 그 사람은 노력도 많이 했지만 (   )는/은/ㄴ 말재주가 있어서 아나운서로 성공할 수 있었다.

2. 다음 [보기]에서 알맞은 말을 골라 빈 칸에 쓰십시오.

[보기]	두통	위염	장염	치매	당뇨병	소화불량

❶ 설사를 자주 하고 음식을 먹으면 바로 화장실에 간다. (장염)

❷ 인슐린이 부족해서 음식 관리를 해야 한다. (   )

❸ 커피와 매운 음식 등 자극적인 음식을 많이 먹어서 속이 쓰리다. (   )

❹ 가족이나 친구를 알아보지 못하고 자주 기억을 잃어버린다. (   )

❺ 음식을 먹으면 소화가 안 되고 속이 편하지 않다. (   )

❻ 스트레스를 받으면 머리가 자주 아프다. (   )

문법

-을 뻔하다

3. 다음 문장을 완성하십시오.

❶ 어제 저녁 빗길에 트럭이 과속으로 달리다가 중앙선을 넘어서 사고가 날~~을/ㄹ~~ 뻔했습니다. 하지만 맞은편 차가 브레이크를 밟아서 다행히 사고가 나지 않았습니다.

❷ 어제 북한산에서 등산객이 피운 담배 불씨가 나무에 붙어 .... 을/ㄹ 뻔했습니다. 하지만 안전 요원이 발견하여 다행히 산불이 나지 않았습니다.

❸ 가스 개발 문제로 두 나라간에 .... 을/ㄹ 뻔했습니다. 하지만 UN이 적극적으로 문제를 잘 해결해서 두 나라 간의 전쟁이 일어나지 않았습니다.

❹ 어제 농구 경기 중 두 선수가 부딪쳐 넘어지면서 두 선수 모두 심하게 .... 을/ㄹ 뻔했습니다. 하지만 응급조치를 해서 다행히 크게 다치지는 않았습니다.

❺ 어제 발생한 강력한 지진으로 학교 건물이 흔들려서 .... 을/ㄹ 뻔했습니다. 하지만 교사들이 학생들을 안전하게 대피시켜 다행히 사상자가 발생하지 않았습니다.

❻ 미국의 국제 투자 은행 부도로 한국 투자자들이 .... 을/ㄹ 뻔했습니다. 하지만 정부의 자금 지원으로 투자자들은 큰 손해를 입지 않았습니다.

4. – 을 뻔하다'를 사용해 다음 대화를 완성하십시오.

❶ 가 : 오늘 영수 씨 생일인 거 알지요?
나 : 네, 그런데 사실은 친구가 미리 얘기를 안 해 줬더라면 잊어버릴 ~~을/ㄹ~~ 뻔 했어요.

❷ 가 : 신문 기사 발표 준비는 다 했어요?
나 : 네, 겨우 다 하긴 했는데 어제 갑자기 컴퓨터가 고장 나서 .... 을/ㄹ 뻔 했어요.

❸ 가 : 중요한 서류를 잃어버렸다던데 찾으셨어요?
나 : 겨우 찾기는 했는데 .... 을/ㄹ 뻔 했어요.

❹ 가 : 오늘 마라톤대회 때문에 오전 10시부터 교통을 통제한다는 것을 알았어요?
나 : 네, 저도 오늘 신문을 안 봤으면 .... 을/ㄹ 뻔 했어요.

❺ 가 : 오늘은 평소보다 회사에 조금 늦게 오셨네요. 무슨 일이 있었어요?
나 : ....

❻ 가 : 명절에는 기차표를 구하기가 어렵다던데 어떻게 구하셨어요?
나 : ....

–는다기에

5. 다음 문장을 완성하십시오.

- 황 작가가 새 책을 출간했습니다.
- 새로 나온 영화를 개봉합니다.
- 시청 앞에서 세계 음식 축제가 열립니다.
- 백화점 바겐세일이 시작됩니다.
- 코엑스에서 취업 설명회가 있습니다.
- 이번 주말에 비가 오겠습니다.

❶ 내가 좋아하는 황 작가가 새 책을 출간했다기에~~는다기에/ㄴ다기에/다기에~~ 서점에 가려고 해요.

❷ ______________________ 는다기에/ㄴ다기에/다기에 영화를 보러 가려고 합니다.

❸ ______________________ 는다기에/ㄴ다기에/다기에 주말에 가보려고 해요.

❹ ______________________ 는다기에/ㄴ다기에/다기에 백화점에 갈 거예요.

❺ ______________________ 는다기에/ㄴ다기에/다기에 코엑스에 친구와 가 보려고 합니다.

❻ ______________________ 는다기에/ㄴ다기에/다기에 등산하기로 한 약속을 취소했어요.

6. '–는다기에'를 사용해 다음 대화를 완성하십시오.

❶ 가 : 지난 주말에 무엇을 하셨어요?
나 : 청계천이 볼 만하다기에~~는다기에/ㄴ다기에/다기에~~ 가 봤어요. 정말 좋던데요.

❷ 가 : 요즘 건강 관리를 어떻게 하고 있어요?
나 : ______________ 는다기에/ㄴ다기에/다기에 요가를 배우고 있어요.

❸ 가 : 연락도 없이 어쩐 일이세요?
나 : ______________ 는다기에/ㄴ다기에/다기에 저도 도울 일이 있을까 해서 왔어요.

❹ 가 : 왜 중국어 학원에 등록하려고 하세요?
나 : ______________ 는다기에/ㄴ다기에/다기에 ______________

❺ 가 : 혈압이 높아서 고민이라더니 요즘은 좀 어때요? 건강해 보이는데요.
나 : ______________________________

❻ 가 : 오늘은 왜 버스를 타고 오셨어요? 자동차가 고장이 났어요?
나 : 아니요, ______________________________

2과 5항

듣기연습

CD: 02

※ 다음을 듣고 질문에 답하십시오.

1. 이야기의 제목으로 알맞은 것을 고르십시오. (　　　)

❶ 부모의 성격이 아이의 성격에 미치는 영향
❷ 칭찬이 아이의 성격에 미치는 영향
❸ 일상생활이 아이의 성격에 미치는 영향
❹ DNA가 아이의 성격에 미치는 영향

2. 들은 내용과 같으면 O표, 다르면 X표 하십시오.

❶ 아이의 성격은 부모의 노력으로 바꿀 수 있다. (　　)
❷ 칭찬을 많이 하면 자신감은 생기나 학습 능력은 떨어진다. (　　)
❸ DNA는 아이의 성격에 전혀 영향을 주지 않는다. (　　)
❹ 부모가 서로 칭찬하는 모습이 아이의 성격에 영향을 미친다. (　　)

읽기 연습

※ 다음을 읽고 질문에 답하십시오.

A형은 무슨 일을 할 때 미리 결과를 걱정하고 하고 싶은 말이 있어도 참고 지내는 소심한 성격이어서 스트레스가 많습니다. 그런데 가끔 A형 중에도 외향적인 사람이 있긴 하지만 O형과는 달리, 다른 사람과 떨어져서 혼자 있을 때는 원래의 내성적인 모습으로 돌아옵니다. 자기를 표현하는 능력이 없긴 하지만 집중력이 뛰어나고 꼼꼼한 편입니다.

AB형은 생각이 많은 편이지만 자신의 생각을 말이나 행동으로 표현하는 것을 귀찮아 합니다. 주위의 사물에 호기심이 많고 항상 "왜?"라는 생각을 많이 합니다. 또 감정을 잘 나타내지 않아서 가끔 냉정하다는 말을 듣기도 합니다.

O형은 주위 사람들과 다 잘 어울리고 성격이 좋다는 얘기를 많이 듣습니다. 리더십이 뛰어나서 사람들이 많이 따르고 인기도 많은 편입니다. 하지만 생각이 조금 느리고 창의력이 부족한 편입니다.

B형은 자신의 기분을 말이나 행동으로 바로 표현하는 편이라서 스트레스가 적습니다. 다른 사람이 자기에 대해 조언할 때 기분 나빠하며 "그냥 하고 싶은 대로 놔 둬."라고 화를 냅니다. 외향적이고 다른 사람에 대해 신경을 쓰지 않기 때문에 하고 싶은 일을 적극적으로 할 수 있습니다.

남녀 관계에도 혈액형이 영향을 미칠까요? 보통 A형은 B형에게 관심을 가지고, O형은 AB형에게 관심을 가진다고 합니다. 하지만 혈액형 분석을 보면 A형은 O형, B형은 AB형과 잘 어울린다고 합니다. 그러므로 남녀 관계와 혈액형은 별로 관계가 없는 것 같습니다.

1. 위 글의 제목으로 알맞은 것을 고르십시오. (　　)

❶ 혈액형의 종류
❷ 혈액형과 스트레스의 관계
❸ 혈액형으로 알아 본 사람의 성격
❹ 성격이 남녀 관계에 미치는 영향

2. 글의 내용과 같으면 O표, 다르면 X표 하십시오.

❶ A형은 자기 표현이 적고 소심한 편이다. (　　)
❷ AB형은 생각이 없고 호기심이 적은 편이다. (　　)
❸ O형은 성격이 좋고 인기가 많은 편이다. (　　)
❹ B형은 자신의 감정을 잘 표현하지 못해서 스트레스가 많은 편이다. (　　)

말하기 · 쓰기 연습

1. 배운 문법을 사용해 친구에게 질문하고 대답하십시오.

질 문	친구 1	친구 2
❶ 한국 생활을 하면서 어떤 고민이나 문제가 있는지 친구에게 물어 보고 조언을 해 보십시오. (–다가 보면, –을 게 아니라)		
❷ 평소 습관에 대해 말해 보십시오. 또 그 습관 때문에 실수한 경우가 있었습니까? (–었다 하면, –을 뻔 하다)		
❸ 친구나 아는 사람들에 대해 이야기해 보십시오. 처음 만났을 때를 기억해 보고 지금의 모습이 어떻게 달라졌는지 이야기해 보십시오. (–더니, –는지)		
❹ 한국어 공부에 도움이 되는 특별한 방법을 알고 있습니까? 어떻게 공부하고 있습니까? (–는다기에)		

2. 다음 글을 읽고 여러분의 생각을 써 보십시오. 그리고 친구와 같이 이야기해 보십시오.

성격은 타고 나는 것일까요? 아니면 변할 수 있는 것일까요?

과 학 자 : 성격은 80%이상 타고 나는 것입니다. 부모의 DNA 중 한 요소가 큰 영향을 미친다고 할 수 있습니다. 다만 여러 가지 요소가 함께 있기 때문에 태어난 후의 환경과 7세 이전의 친구 관계, 교육 등이 많은 영향을 주게 됩니다. 따라서 유아 때의 교육이 중요하다고 할 수 있습니다.

정신 분석가 : 유전자에 의해 성격이 결정된다고 생각하지 않습니다. 사람은 자신의 생각을 바꾸는 것만으로 얼마든지 성격을 바꿀 수 있습니다. 어렸을 때의 불행한 경험으로 성격이 어두운 사람들도 과거의 좋지 않은 기억에서 벗어나려고 노력하다 보면 밝고 긍정적인 성격으로 변하게 됩니다.

의성어

1. 훅

입으로 무엇을 세게 부는 소리

- 종이를 입으로 훅 부니까 종이가 날아가 버렸다.

2. 앵

모기나 벌 등이 날아다니며 내는 소리

- 모기가 앵 소리를 내며 날아다녀서 잘 수가 없었다.

3. 꼬르륵

배가 고플 때 뱃속에서 나는 소리

- 오늘 저녁을 안 먹어서 뱃속에서 꼬르륵 소리가 난다.

4. 덜컹덜컹

차 따위가 흔들리면서 내는 소리

- 차가 시골길을 가면서 덜컹덜컹 소리를 냈다.

5. 펑

무엇이 크게 터지는 소리

- 폭탄이 날아오더니 펑 터졌다.

6. 딸랑딸랑

작은 종 또는 쇠로 된 방울이 울리는 소리

- 문에 종을 매달았더니 문이 열릴 때마다 딸랑딸랑 소리가 난다.

7. 윙

바람이 세게 부는 소리

- 윙 하고 부는 겨울바람에 나뭇잎이 많이 흔들렸다.

8. 풍덩

뭔가 무거운 것이 물에 빠지는 소리

- 무거운 돌이 강물 속으로 풍덩 빠졌다.

9. 보글보글

찌개나 국 등이 끓는 소리

- 김치찌개가 보글보글 끓는 것이 맛있어 보인다.

10. 쿨쿨

깊이 잠들었을 때 내는 소리

- 그 사람이 너무 피곤하게 쿨쿨 자고 있어서 깨우지 않았다.

의성어 연습

1. 된장찌개가 불 위에서 .... 끓고 있습니다.

2. 내가 대문 안으로 들어서니까 강아지가 .... 방울 소리를 내며 뛰어왔다.

3. 지난 밤 11시 쯤 가스 공장에서 .... 소리와 함께 불이 났습니다.

4. 시간이 없어서 아침을 못 먹은 날은 셋째 시간만 되면 뱃속에서 ....소리가 나요.

5. 버스 안에는 아기를 달래고 있는 아주머니, 책을 읽고 있는 학생, ... 자고 있는 아저씨, 그리고 나 이렇게 네 명 뿐이었다.

6. 외나무다리를 건너가던 아저씨가 미끄러져서 물속으로 .... 하고 빠지고 말았다.

7. 나는 촛불 앞에서 소원을 빌고 나서 촛불을 한번에 .... 불어서 다 껐다.

8. 벌이 .... 소리를 내며 날아다닌다.

9. 창 밖에서 바람 소리가 .... 하고 났습니다.

10. 내 자동차는 너무 낡아서 조금 험한 길을 갈 때면 .... 소리가 나요.

♪ 한국 노래를 배워 봅시다

동물 농장

YONSEI KOREAN WORKBOOK 4

제 3 과 일상의 문제

3과 1항

어휘

1. 다음 [보기]에서 알맞은 말을 골라 빈 칸에 쓰십시오.

[보기]	전자	벽걸이	반품	설치	제품	매장

연세 ❶ ______전자______ 에서 새롭게 내놓은 ❷ ____________ TV!

❸ ____________ 까지 힘들게 가서 고르실 필요가 없습니다. 전화로 신청만 해 주시면 됩니다.

❹ ____________ 을/를 산 후 나흘 안에는 집까지 배달해 드리고, ❺ ____________ 도 신속하게 해 드립니다. 혹시 이상이 있을 경우 언제든지 ❻ ____________ 이/가 가능하니 걱정 마세요. 제품이 얼마 남지 않았으니 지금 바로 주문해 주세요. 여러분을 분명히 만족시켜 드릴 것입니다.

2. 다음 [보기]에서 알맞은 말을 골라 빈칸에 쓰십시오.

[보기]	고객 센터	구입	교환	배송	환불

상담원 : 네, ❶ ______고객 센터______ 입니다.

고객 : 에어컨을 3일 전에 ❷ ____________ 했는데 제품에 하자가 있는 것 같아요. 별로 시원하지 않거든요.

상담원 : 그래요? 그럼 ❸ ____________ 해 드리겠습니다.

고객 : 아니요, 저는 그냥 돈으로 ❹ ____________ 받았으면 하는데요.

상담원 : 네, 알겠습니다. 그런데 반품할 때 ❺ ____________ 비용은 부담하셔야 합니다.

문법

-기에는

3. 다음 글을 읽고 대화를 완성하십시오.

오늘도 진수 씨를 만났다. 내가 진수 씨를 별로 마음에 안 들어 하기 때문인지 진수 씨가 내놓는 제안들은 다 이해가 안 되는 것들뿐이다. 점심 때 쯤 만났는데 ❶ **김밥을 하나 사서 같이 먹자고 했다. 아무리 내가 배가 안 고파도 김밥 하나 가지고 두 사람이 어떻게 먹는단 말인가? 분명히 모자랄 것이다.** 그래서 김밥 하나 더 사서 먹고 둘이 뭐 할까 생각하는데 ❷ **진수 씨가 영화를 보러 가자고 했다. 날씨가 너무 좋은데 그 어두컴컴한 극장 안에 들어간다는 말인가?** 그래서 내가 싫다고 하니까 다음에는 ❸ **시간이 이른데 술을 마시러 가자고 하는 것이다.** 3시 밖에 안 됐는데……. 그래서 내가 또 싫다고 했다. 결국 우리는 공원에 산책을 가기로 했는데 ❹ **진수 씨가 가까운 공원까지 걸어가자고 했다. 그런데, 거기에서 공원까지는 걸어서 30분 쯤 걸리는 먼 거리였다.** 그래서 그냥 근처 서점에 들어갔다. 그런데, 이번에는 ❺ **진수 씨가 한국어로 쓰인 소설을 한 권 사 줄 테니까 한 번 읽어 보라고 했다. 그런데 그 책은 나한테는 너무나 어려운 책이었다.** 그래도 그 책을 받아들고 다음에 만날 약속을 했다. 그런데 진수 씨가 마지막에 내놓은 제안은 ❻ **요즘은 여름이 지나서 날씨가 쌀쌀한데 다음 주에 만나서 같이 수영을 가자는 것이었다.**

❶ 진수 : 저기에 김밥집이 있는데 김밥을 하나 사서 같이 먹을까요?
나 : 두 사람이 먹 기에는 좀 모자라요.

❷ 진수 : 영화를 좋아한다고 하셨지요? 우리 같이 영화를 보러 갈까요?
나 : ______________ 기에는 날씨가 너무 좋은데요.

❸ 진수 : 제가 분위기가 좋은 술집을 아는데 같이 술을 마시러 갈까요?
나 : ______________ 기에는 ______________

❹ 진수 : 공원까지 걸어서 갈까요?
나 : ______________ 기에는 ______________

❺ 진수 : 이 책을 사 드릴 테니까 한번 읽어 보시겠어요?
나 : ______________ 기에는 ______________

❻ 진수 : 우리 다음 주에 수영하러 갈까요?
나 : ______________ 기에는 ______________

4. 다음을 보고 두 문장을 골라 문장을 만드십시오.

	교통	주위 환경	하숙비
ㄱ 하숙집	학교까지 걸어서 10분 걸림	술집이 많음	한 달에 30만원
ㄴ 하숙집	지하철역까지 15분이고, 학교까지 40분 쯤 걸림	공원과 산이 있음	한 달에 50만원
ㄷ 하숙집	지하철역까지 5분이고, 학교까지 20분 쯤 걸림	시장과 할인점이 있음	한 달에 70만원

❶ ㄱ 하숙집은 학교까지 걸어서 10분밖에 안 걸리니까 학교에 다니 기에는 편해요 .

❷ ㄱ 하숙집은 근처에 술집이 많아서 ________ 기에는 시끄러워요.

❸ ㄴ 하숙집은 근처에 지하철역이 없어서 ________ 기에는 ________

❹ ㄴ 하숙집은 근처에 공원과 산이 있으니까 ________ 기에는 ________

❺ ㄷ 하숙집은 근처에 시장과 할인점이 있으니까 ________

❻ ㄷ 하숙집은 ________

-고 보니

5. 다음 상황에 맞게 문장을 완성하십시오.

❶ 짐을 다 싸고 나서 여권을 안 넣은 것이 생각났다.

→ 짐을 다 싸 고 보니 여권을 안 넣었어요.

❷ 손님이 와서 음식을 했는데 너무 많이 한 것 같다.

→ ________ 고 보니 너무 많이 했네요.

❸ 물건을 사고 거스름돈을 받았는데 천 원을 덜 받았다.

→ ________ 고 보니 ________

④ 운동 기구를 샀는데 자주 사용할 것 같지 않아서 산 것이 후회가 된다.

→ ____________ 고 보니 ____________

⑤ 지하철에서 내렸는데 내려야 할 곳이 아니었다.

→ ____________ 고 보니 ____________

⑥ 과로로 쓰러진 후에 건강이 얼마나 소중한지를 다시 한 번 느끼게 됐다.

→ ____________ 고 보니 ____________

6. '-고 보니'를 사용해 대화를 완성하십시오.

① 가 : 부모님한테서 독립한다더니 하셨어요?
나 : 네, 그런데 독립하 고 보니 부모님하고 같이 살았던 때가 편했던 것 같아요.

② 가 : 아이들이 말을 잘 안 들어서 힘들지요?
나 : 네, 부모가 ____________ 고 보니 우리 부모님이 얼마나 고생하셨는지 알겠어요.

③ 가 : 그렇게 학교 다니기 싫어하더니 휴학하니까 좋아?
나 : 사람의 마음이 참 이상하지. ____________ 고 보니 학교 생활이 그립네.

④ 가 : 친구한테 기분이 나빴던 것을 얘기했어?
나 : 응, 그런데 ____________ 고 보니 ____________

⑤ 가 : 부장님께서 맡기신 일은 다 끝내셨어요?
나 : 네, ____________

⑥ 가 : 직장을 그만두고 음식점을 개업하셨다고 하던데 잘 되세요?
나 : 잘 되기는요, ____________

YONSEI KOREAN WORKBOOK 4

3과 2항

어휘

1. 다음 [보기]에서 알맞은 말을 골라 빈 칸에 쓰십시오.

[보기]	주민	틀다	휴식	어쩔 수 없이	무시하다

❶ 감시 카메라를 설치한다는 계획에 동네 (　　주민　　)들이 모두 반대했다.

❷ 내 충고를 (　　　　　　)고 그 사람은 계속 예의 없게 행동했다.

❸ 스트레스를 풀기 위해 집에서 음악을 크게 (　　　　　　)고 노래를 따라 불렀다.

❹ 사람들은 잠을 자기도 하고 음악을 듣기도 하면서 (　　　　　　)을/를 취한다.

❺ 의사가 병을 치료하기 위해서는 담배를 끊어야 한다고 해서 (　　　　　　) 금연을 하고 있다.

2. 다음 [보기]에서 알맞은 말을 골라 빈 칸에 쓰십시오.

[보기]	손해를 끼치다	손해를 보다	피해를 주다	피해를 입다
	영향을 미치다	영향을 받다		

❶ 폭력적인 TV 프로그램이 청소년 범죄에 (　　영향을 미쳤다　　)~~었다/았다/였다~~.

❷ 홍수로 (　　　　　　　　)는/은/ㄴ 집이 많다.

❸ 장사를 시작했는데 잘 안 돼서 (　　　　　　　　)었어요/았어요/였어요.

❹ 무슨 일이 있어도 고객들에게는 (　　　　　　　　)지 않도록 하겠습니다.

❺ 형의 성공에 (　　　　　　　　)어서/아서/여서 나도 열심히 일을 하게 되었어요.

❻ 공공장소에서 큰 소리로 전화 통화를 하는 것은 주위 사람에게 (　　　　　　　　)는/은/ㄴ 일이다.

문법

-어서야 어디 -겠어요?

3. 다음 상황에 맞게 문장을 완성하십시오.

❶ 제품을 샀는데 너무 하자가 많아서 쓸 수 없을 것 같다.

이렇게 하자가 많아서야 ~~어서야/아서야/여서야~~ 어디 쓸 수 있겠어요?

❷ 가게 점원이 불친절해서 손님이 오지 않을 것 같다.

.... 어서야/아서야/여서야 어디 손님이 오겠어요?

❸ 물가가 너무 많이 올라서 생활할 수 없을 것 같다.

.... 어서야/아서야/여서야 어디 .... 겠어요?

❹ 차가 막혀서 제 시간에 도착할 수 없을 것 같다.

.... 어서야/아서야/여서야 어디 .... 겠어요?

❺ 물건의 품질이 나빠서 많이 팔리지 않을 것 같다.

.... 어서야/아서야/여서야 어디 .... 겠어요?

❻ 공부를 안 해서 시험을 잘 볼 수 없을 것 같다.

.... 어서야/아서야/여서야 어디 .... 겠어요?

4. '–어서야 어디 –겠어요?'를 사용해 다음 대화를 완성하십시오.

❶ 가 : 미선 씨는 직장 동료들과 부딪치는 일이 많대요.

나 : 그렇게 대인관계가 나빠서야 ~~어서야/아서야/여서야~~ 어디 회사 생활을 잘 할 수 있겠어요?

❷ 가 : 주차할 공간이 없어서 30분이나 돌아다니다가 겨우 주차했어요.

나 : ____________ 어서야/아서야/여서야 어디 차를 가지고 다닐 수 있겠어요?

❸ 가 : 영수 씨는 처음 보는 사람들 앞에만 서면 말을 못 한대요.

나 : ____________ 어서야/아서야/여서야 어디 ____________ 겠어요?

❹ 가 : 제임스 씨는 지난달에 받은 월급을 다 써 버렸대요.

나 : ____________ 어서야/아서야/여서야 어디 ____________ 겠어요?

❺ 가 : 제가 알아본 집은 주위 환경은 괜찮은데 회사까지 두 시간이나 걸려요.

나 : ____________

❻ 가 : 최근 들어 외국인들의 투자가 눈에 띄게 줄고 있어요.

나 : ____________

–는다고 해도

5. 관계있는 문장을 연결해서 한 문장으로 만드십시오.

❶ 월급이 많습니다. •	• 예의를 지켜야 해요.
❷ 고생을 많이 합니다. •	• 물어보면 안 돼요.
❸ 가까운 사이입니다. •	• 봉사 활동을 계속 할 거예요.
❹ 능력이 뛰어납니다. •	• 일이 적성에 안 맞으면 안 다닐 거예요.
❺ 점원이 자꾸 권합니다. •	• 성실하지 않으면 성공하지 못해요.
❻ 결과가 어떻게 나왔는지 궁금합니다. •	• 필요 없으면 사지 마세요.

❶ 월급이 많다고 ~~는다고/ㄴ다고/다고~~ 해도 일이 적성에 안 맞으면 안 다닐 거예요.

❷ ____________ 는다고/ㄴ다고/다고 해도 ____________

❸ ______ 는다고/ㄴ다고/다고 해도 ______

❹ ______ 는다고/ㄴ다고/다고 해도 ______

❺ ______ 는다고/ㄴ다고/다고 해도 ______

❻ ______ 는다고/ㄴ다고/다고 해도 ______

6. '–는다고 해도'를 사용해 대화를 완성하십시오.

❶ 가 : 복권에 당첨된다면 일을 그만두실 거예요?
나 : 아니요, 복권에 당첨된다고 ~~는다고/ㄴ다고/다고~~ 해도 저는 일을 계속할 거예요.

❷ 가 : 성형 수술을 해서 예뻐진다면 성형 수술을 하시겠어요?
나 : ______ 는다고/ㄴ다고/다고 해도 안 할 거예요.

❸ 가 : 5급에 못 올라간다면 한국어 공부를 포기할 거예요?
나 : ______ 는다고/ㄴ다고/다고 해도 ______

❹ 가 : 친구가 먼저 사과한다면 화해하실 거예요?
나 : ______ 는다고/ㄴ다고/다고 해도 ______

❺ 가 : 다시 태어난다면 어떤 일을 하고 싶으세요?
나 : ______

❻ 가 : 이번 경기에 세계적으로 유명한 선수들이 모두 참가한다던데 우승하기가 쉽지 않겠어요.
나 : ______

3과 3항

어휘

1. 다음 [보기]에서 알맞은 말을 골라 빈 칸에 쓰십시오.

[보기] 망설이다 잠을 설치다 본의 아니게 방해가 되다 부스럭거리다 맞추다

❶ (본의 아니게) 피해를 끼치게 되어서 죄송합니다.

❷ 옆에서 ( )는/은/ㄴ 소리에 잠이 깼다.

❸ 다른 사람에게 ( )지 않도록 조용히 하세요.

❹ 대답하기가 곤란해서 한참을 ( )었다/았다/였다.

❺ 요즘 새벽에 하는 올림픽 경기를 보느라고 ( )는/은/ㄴ 일이 많다.

❻ 부부는 가치관이나 성격 등 여러 가지가 달라도 서로 ( )어/아/여 가면서 살아야 한다.

2. 다음 [보기]에서 알맞은 말을 골라서 빈 칸에 쓰십시오.

[보기] 고발하다 고소하다 불평하다 부인하다 시인하다 합의하다

"여보세요, 주유소에서 가짜 휘발유를 팔고 있어요."	❶ 고발하다
"네, 맞습니다. 제 잘못입니다."	❷
"저는 그런 일을 한 적이 없습니다."	❸
"우리 하숙집은 시설도 나쁘고 시끄러워서 여러 가지가 불편해."	❹
"좋아요, 우리 그렇게 합시다."	❺
"검사님, 그 회사 때문에 큰 피해를 입었으니 해결해 주시기 바랍니다."	❻

문법

-었더니

3. 관계있는 문장을 연결해서 한 문장으로 만드십시오.

❶ 카드를 활용했습니다. •	• 기름값이 많이 절약됐어요.
❷ 금연 껌을 씹었습니다. •	• 단어가 더 잘 외워져요
❸ 소형차로 바꿨습니다. •	• 담배를 쉽게 끊을 수 있었어요.
❹ 여행을 같이 갔습니다. •	• 한국어 실력이 향상됐어요.
❺ 가격을 비교해 봤습니다. •	• 별로 차이가 없었어요.
❻ 한국 친구하고 말하기 연습을 많이 했습니다. •	• 친구와 더 가까워졌어요.

❶ 카드를 활용했더니 ~~었더니/았더니/였더니~~ 단어가 더 잘 외워져요.

❷ .... 었더니/았더니/였더니 ....

❸ .... 었더니/았더니/였더니 ....

❹ .... 었더니/았더니/였더니 ....

❺ .... 었더니/았더니/였더니 ....

❻ .... 었더니/았더니/였더니 ....

4. '-었더니'를 사용해 다음 대화를 완성하십시오.

❶ 가 : 머리가 아프다더니 아직도 안 나았어요?

나 : 약을 먹었더니 ~~었더니/았더니/였더니~~ 괜찮네요.

❷ 가 : 피해를 입힌 회사에 잘잘못을 따졌어요?

나 : 네, ... 었더니/았더니/였더니 잘못을 시인했어요.

❸ 가 : 영수 씨한테 다음 주에 동창회가 있다고 연락하셨어요?

나 : .... 었더니/았더니/였더니 ....

❹ 가 : 콘서트 표가 남아 있는지 알아보셨어요?

나 : .... 었더니/았더니/였더니 ....

❺ 가 : 출장도 잦고 야근도 많은데 건강에는 문제가 없으세요?

나 : ....

❻ 가 : 요즘은 사람을 구하기가 어렵다던데 어떻게 구하셨어요?

나 : ....

-을 수가 있어야지요

5. 다음 글을 읽고 대화를 완성하십시오.

오늘 친구가 생일 파티에 초대를 했다. ❶ **친구가 몇 달 전부터 사 달라고 한 향수를 사 가지고 친구 집에 갔다.** 차린 음식이 많았지만 ❷ **아침부터 배가 아파서 많이 먹지 못했다.** 노래방 기계까지 준비해서 사람들이 돌아가면서 노래를 불렀다. 그런데 내 친구가 나한테도 노래를 시키는 것이었다. ❸ **나는 모르는 사람들 앞에서 노래 부르기가 창피해서 안 부른다고 했다.** 그런데도 친구는 계속 나에게 노래를 하라고 했다. ❹ **나는 부르기 싫다는데 자꾸 노래를 시키는 친구한테 너무 화가 났다. 그래서 나는 그냥 친구 집에서 나와 버렸다.** 그리고는 집에 가는 버스를 타려고 정류장에 서 있는데 ❺ **버스가 20분을 기다려도 안 오는 것이었다. 짜증이 나서 기다릴 수 없었다.** 그래서 할 수 없이 택시를 타고 하숙집 앞까지 왔다. 그런데 ❻ **아까 밥을 조금 먹었더니 배가 고파지기 시작했다. 참을 수 없어서 하숙집 근처의 포장마차에서 떡볶이를 사 먹었다.**

❶ 아주머니 : 용돈이 모자란다더니 향수를 사 가지고 가셨어요?
웨이 : 친구가 몇 달 전부터 얘기해서 ~~어서/아서/여서~~ 안 사 줄 ~~을/ㄹ~~ 수가 있어야지요.

❷ 아주머니 : 생일 파티에 갔는데 왜 많이 안 먹었어요?
웨이 : 배가 아파서 .... 을/ㄹ 수가 있어야지요.

❸ 아주머니 : 노래방 기계까지 있었는데 왜 노래를 안 불렀어요?
웨이 : .... 어서/아서/여서 .... 을/ㄹ 수가 있어야지요.

❹ 아주머니 : 왜 친구 집에서 그냥 나와 버렸어요?
웨이 : .... 어서/아서/여서 .... 을/ㄹ 수가 있어야지요.

❺ 아주머니 : 보통 택시를 안 타는데 왜 택시를 탔어요?
웨이 : .... 어서/아서/여서 .... 을/ㄹ 수가 있어야지요.

❻ 아주머니 : 집에서 저녁을 먹지 않고 왜 포장마차에서 먹었어요?
웨이 : .... 어서/아서/여서 .... 을/ㄹ 수가 있어야지요.

6. '-을 수가 있어야지요'를 사용해 대화를 완성하십시오.

❶ 가 : 다들 뉴스를 듣는데 왜 뉴스를 안 들으세요?

나 : 너무 어려워서 ~~어서/아서/여서~~ 알아들을 ~~을/ㄹ~~ 수가 있어야지요.

❷ 가 : 바쁘신데 영수 씨 부탁까지 들어주셨어요?

나 : 하도 여러 번 부탁을 해서 ______ 을/ㄹ 수가 있어야지요.

❸ 가 : 이사한 지 한 달밖에 안 되었는데 또 하숙집을 옮기셨어요?

나 : ______ 어서/아서/여서 ______ 을/ㄹ 수가 있어야지요.

❹ 가 : 두통약을 하루에 두 알 이상 드시면 안 된다고 했잖아요.

나 : ______ 어서/아서/여서 ______ 을/ㄹ 수가 있어야지요.

❺ 가 : 거래처에서 보내 온 선물을 왜 돌려 보내셨어요?

나 : ______

❻ 가 : 인터넷으로 물건을 사지 않고 꼭 직접 가서 확인하고 물건을 사시나 봐요.

나 : ______

YONSEI KOREAN WORKBOOK 4

3과 4항

어휘

1. 다음 [보기]에서 알맞은 말을 골라 빈 칸에 쓰십시오.

[보기]	가까이	남다	치	한꺼번에	빼다

❶ 쓰고 (남은)~~는/은/ㄴ~~ 돈은 저축했다.

❷ 밀린 숙제를 (   ) 했더니 너무 피곤했다.

❸ 오늘 수업 시간에 영수 씨만 (   )고 다 왔어요.

❹ 냉장고를 사느라고 한 달 (   ) 월급이 날아가 버렸다.

❺ 결혼할 사람을 멀리에서 찾지 말고 (   )에서 찾으세요.

2. 다음 [보기]에서 알맞은 말을 골라 빈 칸에 쓰십시오.

[보기]	계약	월세	전세	계약서	보증금	세입자

가 : 지난번에 본 집을 ❶ ……계약…… 하러 왔는데요. 그 집의 ❷ ………… 가격이 2억이라고 하셨잖아요. 그런데 목돈이 없어서 ❸ ………… 으로/로 바꿨으면 하는데요.

나 : 그러려면 한 달에 80만원 내야 하고 거기에다가 집에 들어갈 때 ❹ ………… 천만 원을 내야 해요.

가 : 그럼 그렇게 할게요.

나 : 네, 알겠습니다. 그러면 지금 그 집에 살고 있는 ❺ ………… 분과 이사 날짜를 맞춘 다음에 이 ❻ ………… 을/를 작성해 주세요. 그리고 계약금은 백만 원을 주시면 돼요.

문법

-어야지 그렇지 않으면

3. 두 문장이 같은 뜻이 되도록 만드십시오.

❶ 젊었을 때 건강 관리를 잘 해야 늙어서 고생을 안 해요.

→ 젊었을 때 건강 관리를 잘 해야지~~어야지/아야지/여야지~~ 그렇지 않으면 늙어서 고생할 거예요.

❷ 집을 사고 팔 때 계약을 확실하게 해야 손해를 안 입어요.

→ .... 어야지/아야지/여야지 그렇지 않으면 손해를 입을 수도 있어요.

❸ 오해가 생겼을 때 바로 풀어야 계속 좋은 관계를 유지할 수 있어요.

→ .... 어야지/아야지/여야지 그렇지 않으면 ....

❹ 옷을 따뜻하게 입어야 감기에 안 걸려요.

→ .... 어야지/아야지/여야지 그렇지 않으면 ....

❺ 돈을 아껴 써야 돈을 모을 수 있어요.

→ .... 어야지/아야지/여야지 그렇지 않으면 ....

❻ 휴식을 잘 취해야 건강을 빨리 회복할 수 있어요.

→ .... 어야지/아야지/여야지 그렇지 않으면 ....

4. '-어야지 그렇지 않으면'을 사용해 다음 대화를 완성하십시오.

❶ 가 : 손님이 오실 시간이 다 됐는데 지금 상을 차릴까요?

나 : 미리 상을 차려 놓아야지 ~~어야지/아야지/여야지~~ 그렇지 않으면 정신없이 바쁠 거예요.

❷ 가 : 영수증을 잃어버렸는데 물건을 교환할 수 있을까요?

나 : .... 어야지/아야지/여야지 그렇지 않으면 물건을 교환할 수 없을 거예요.

❸ 가 : 약을 꼬박꼬박 먹어야 하는 게 너무 귀찮아요.

나 : .... 어야지/아야지/여야지 그렇지 않으면 ....

❹ 가 : 직장을 선택할 때 일이 적성에 맞는지 안 맞는지 꼭 봐야 할까요?

나 : .... 어야지/아야지/여야지 그렇지 않으면 ....

❺ 가 : 환기를 안 해서 실내 공기가 별로 안 좋네요.

나 : ....

❻ 가 : 위염 증세로 고생하는데도 매운 음식을 자꾸 찾게 돼요.

나 : ....

–었으면 –고 얼마나 좋았겠어요?

5. 다음 글을 읽고 대화를 완성하십시오.

지난 여름 방학 때 여행을 갔다 왔는데 그 여행은 별로 즐겁지 않았다. 바닷가 근처였는데 ❶ **날씨가 좋지 않아서 수영을 못했다.** 그리고 ❷ **물가도 비싸서 쇼핑을 하지 못했고,** ❸ **주변에 맛있는 식당도 없어서 매번 음식을 해 먹어야 했다.** ❹ **여행 안내원도 못 구해서 자주 헤맸다.** ❺ **우산을 안 가지고 가서 비를 맞은 날도 있었다.** ❻ **집에 돌아올 때는 배를 타고 오다가 멀미를 해서 고생을 많이 했다.**

❶ 가 : 여행을 갔다 오셨다면서요? 날씨는 좋았어요?
나 : 날씨가 좋았으면 ~~었으면/았으면/였으면~~ 수영도 하고 얼마나 좋았겠어요?

❷ 가 : 여행간 곳은 물가가 쌌어요?
나 : ______ 었으면/았으면/였으면 쇼핑도 하고 얼마나 좋았겠어요?

❸ 가 : 여기 음식하고는 맛이 다를 것 같은데 식당 음식이 입에 맞았어요?
나 : ______ 었으면/았으면/였으면 ______ 고 얼마나 좋았겠어요?

❹ 가 : 어떻게 구경 다니셨어요? 여행 안내원을 구했어요?
나 : ______ 었으면/았으면/였으면 ______ 고 얼마나 좋았겠어요?

❺ 가 : 거기는 비가 자주 온다고 하던데 우산을 준비해 가지고 갔어요?
나 : ______ 었으면/았으면/였으면 ______ 고 얼마나 좋았겠어요?

❻ 가 : 돌아올 때는 뭘 타고 오셨어요? 비행기를 타셨어요?
나 : ______ 었으면/았으면/였으면 ______ 고 얼마나 좋았겠어요?

6. '–었으면 –고 얼마나 좋았겠어요?'를 사용해 대화를 완성하십시오.

❶ 가 : 방학에 고향에 다녀오셨어요?
나 : 고향에 갔으면 ~~었으면/았으면/였으면~~ 고향 음식도 먹 고 얼마나 좋았겠어요?

❷ 가 : 어렸을 때도 성격이 외향적이었어요?
나 : 어렸을 때 성격이 외향적이었으면 ______ 고 얼마나 좋았겠어요?

❸ 가 : 예전부터 전원주택에 살고 싶어하시더니 이사하셨어요?
나 : ______ 었으면/았으면/였으면 ______ 고 얼마나 좋았겠어요?

❹ 가 : 직장 생활을 한 지 10년이 지났는데 그동안 돈은 많이 모으셨어요?
나 : ______ 었으면/았으면/였으면 ______ 고 얼마나 좋았겠어요?

❺ 가 : 지난 일요일에 있었던 동창회에 왜 안 오셨어요?
나 : ______

❻ 가 : 교통사고 피해자하고 합의했어요?
나 : ______

3과 5항

듣기 연습

CD: 03

※ 다음을 듣고 질문에 답하십시오.

1. 무엇에 대한 이야기입니까? (　　　)

① 아파트의 환경 문제
② 부녀회의 활동 소개
③ 아파트 주민들의 말다툼
④ 아파트에서 애완동물을 키우는 문제

2. 부녀 회장이 이야기한 피해는 무엇입니까? 3가지 쓰십시오.

① 주거 환경 문제	
② 위험성 문제	
③ 건강 문제	

3. 부녀회장이 말한 해결 방법은 무엇입니까? 쓰십시오.

....

읽기 연습

※ 다음을 읽고 질문에 답하십시오.

인터넷 쇼핑은 매장까지 안 가도 집에 인터넷만 연결되어 있으면 마음에 드는 물건을 고를 수도 있고 집까지 물건을 배송해 주기 때문에 매우 편리하다. 그래서 인터넷 쇼핑을 이용하는 사람들이 늘고 있고 그 피해를 입는 소비자들도 많아지고 있다.

매장에서 직접 살 수 없다 보니 홈페이지의 광고 내용만을 믿고 치수나 색상을 선택해 물건을 살 수밖에 없다. 그런데 물건을 받고 보면 질이나 색상 등이 홈페이지에 올라온 내용과 달라서 ㉠..................을/를 하게 되는 경우가 종종 있다.

온라인 쇼핑몰은 저렴한 가격으로 소비자를 유혹하다 보니 품질이 떨어지거나 하자가 있는 경우가 많고, 물건을 쉽게 살 수는 있는데 ㉠..................이/가 되지 않는 경우도 많다. 또한 물건 값을 지불한 후 시간이 경과해도 배송이 안 되고 그래서 판매자와 연락을 해 보면 연결이 안 된다는 사례도 적지 않다.

대부분의 사람들이 인터넷 쇼핑몰에서 피해를 입게 되면 쇼핑몰에 전화를 하거나 게시판에 글을 올려 문제를 해결하려고 하는 경우가 대부분이다. 하지만 쇼핑몰 측에서 무시를 하거나 해결할 수 없다며 차일피일 미루는 경우에는 한국소비자원이나 해당 지역의 소비자보호센터를 이용해 도움을 청하는 것이 좋다. 만약 쇼핑몰에 속아서 피해를 입었을 경우는 같은 피해를 입은 사람들과 함께 대응하는 것도 좋은 방법이다.

무엇보다도 이런 일을 당하기 전에 예방하는 것이 더 중요하다. 온라인 쇼핑몰을 이용할 때에는 휴대폰 번호만 올라가 있는 쇼핑몰, 고객게시판이 없는 쇼핑몰, 고가 제품을 파격적인 할인가로 판매하는 쇼핑몰, 현금 결제를 바라는 쇼핑몰은 될 수 있는 대로 피하는 것이 좋다.

1. 위 글의 제목으로 적당한 것은 무엇입니까? (   )

❶ 인터넷 쇼핑의 장점과 단점
❷ 소비자 보호 센터의 필요성
❸ 인터넷 쇼핑의 피해 사례와 그 예방법
❹ 인터넷 쇼핑의 이용 방법

2. ㉠.................. 에 들어갈 말로 적당하지 <u>않은</u> 것은 무엇입니까? (   )

❶ 반품　❷ 구입　❸ 교환　❹ 환불

3. 위 글의 내용과 같으면 O표, 다르면 X표 하십시오.

❶ 최근 들어 인터넷 쇼핑을 하는 사람이 많아지고 있다. (   )
❷ 쇼핑몰에 같이 피해를 입은 사람들끼리 공동 대응하는 것이 좋다. (   )
❸ 이런 피해를 예방하는 것보다 매장에 가서 직접 사는 것이 안전하다. (   )
❹ 값비싼 제품을 너무 싸게 판매하는 쇼핑몰은 이용하지 않는 것이 좋다. (   )

말하기 · 쓰기 연습

1. 배운 문법을 사용해 친구에게 질문하고 대답하십시오.

질 문	친구 1	친구 2
❶ 물건을 구입하고 교환이나 환불했던 적이 있습니까? 왜 그랬습니까? (–기에는, –고 보니)		
❷ 피해를 받고 있는 일이 있습니까? (–어서야 어디 –을 수 있겠어요? –을 수가 있어야지요)		
❸ 효과적인 한국어 학습 방법에 대해 이야기해 보십시오. (–는다고 해도, –었더니)		
❹ 집을 계약할 때 뭘 주의해야 할까요? (–어야지 그렇지 않으면) 한국에서 아르바이트를 하신 적이 있어요? (–었으면 –고 얼마나 좋았겠어요?)		

2. 다음 글을 읽고 법적인 판결이 어떻게 나올지 써 보십시오. 그리고 친구와 같이 이야기해 보십시오.

> 주부 김 모 씨는 아파트에 사는데, 지금 살고 있는 집은 보증금 천만 원을 내고 들어 와서 매달 월세를 칠십만 원 내고 있다. 그런데 어느 날, 집주인의 부인이 김 모 씨에게 보증금 삼백만 원을 올려 달라고 해서 김 모 씨는 어쩔 수 없이 어렵게 돈을 구해 보증금을 올려 줬는데 집주인한테 놀라운 이야기를 들었다. 사실은 그 부인이 남편 몰래 세입자들에게 보증금 삼백만 원 씩을 올려 받고 그 돈을 몽땅 들고 사라져 버린 것이다. 이 사실을 알게 된 김 모 씨가 집주인에게 따졌더니 집주인은 자기와 계약한 것이 아니니 부인에게 준 보증금을 돌려줄 수 없다고 했다. 과연 김 모 씨는 집주인에게 보증금 천삼백만 원 전부를 돌려받을 수 있을까?

한자성어 1

1. 유언비어(流言蜚語)

아무런 근거 없이 널리 퍼진 소문

- 인터넷에서 떠도는 유언비어를 그대로 믿는 사람들이 많다.

2. 유비무환(有備無患)

대비나 준비가 잘 되어 있으면 곤란한 일이 안 생긴다는 뜻

- 유비무환이라는 말처럼 건물을 튼튼하게 짓는다면 지진같은 자연 재해가 닥쳐도 큰 피해를 입지 않을 것이다.

3. 막상막하(莫上莫下)

어느 것이 낫고 어느 것이 못하다고 분명히 말하기 어려울 만큼 차이가 별로 없다는 뜻

- 양 팀의 실력이 막상막하여서 어느 팀이 우승을 할지 아무도 예상할 수 없다.

4. 다다익선(多多益善)

많으면 많을수록 좋다는 뜻

- 다다익선이라는 말처럼 친구는 많으면 많을수록 좋다.

5. 대기만성(大器晩成)

(큰 그릇을 만드는 데 시간이 오래 걸리는 것처럼) 크게 성공할 사람은 오랜 시간이 필요하다는 뜻

- 대기만성이라는 말처럼 영수 씨는 오랜 시간이 지나서야 사회적으로 크게 성공할 수 있었다.

한자성어 1 연습

1. 철수 : 영수 씨, 이번에 150명 정도의 직원이 해고될 거래요.

영수 : 누가 그런 ______________ 을/를 퍼뜨렸어요? 아무리 불경기라고 해도 그렇게 많은 직원이 해고되겠어요?

2. 철수 : 어떻게 됐어? 지금 어느 팀이 이기고 있어? 농구 시합 결과가 궁금해서 수업이 끝나자마자 뛰어 왔는데.

영수 : 글쎄, 가만히 있어봐. 전반전에는 연세대가 51대 50으로 이겼는데 조금 전부터 한국대가 1점 앞서고 있어. 정말 실력이 ______________ 이야/야.

3. 아버지 : 영희는 어쩌면 그렇게 바이올린을 잘 켜지? 무슨 곡이든지 척척 잘 하는구나. 천재야, 천재. 그런데 넌 왜 아직도 그 모양이냐?

아이 : 아버지, ______________ 이란/란 말을 모르세요? 큰 그릇이 되려면 시간이 많이 걸려요.

4. 아버지 : 독감 예방주사를 맞으러 가야지.

아이 : 주사 맞는 거 취미 없어요.

아버지 : 이 녀석아! 예방주사를 취미로 맞냐? ______________ 몰라? 예방을 해 둬야 병에 걸리지 않지.

5. 영수 : 아빠, 다음 주에 친구들과 여행을 가기로 했는데 용돈 좀 주세요.

아버지 : 얼마나 필요하니?

영수 : ______________ 이지요/지요. 많으면 많을수록 좋은 거 아니에요?

YONSEI KOREAN WORKBOOK 4

제 4 과 현대 한국의 문화

4과 1항

어휘

1. 다음 [보기]에서 알맞은 말을 골라 빈 칸에 쓰십시오.

[보기]	즐기다	놀이	종류	공간	개발하다

대학로 마로니에 공원이 문화의 중심지로 다시 태어난다!

현재 매점과 티켓 박스, 컨테이너 등 온갖 ❶ 종류 의 시설이 무질서하게 자리한 마로니에 공원이 새로운 문화 ❷ ________으로/로 다시 태어난다. 서울시는 지금의 무질서한 시설들을 모두 없애고 마로니에 공원을 새롭게 ❸ ________을/ㄹ 계획이다. 그 뿐만 아니라 마로니에 공원에 공연장을 만들어 시민들이 직접 참여할 수 있는 게임, 노래 대회 등을 열 계획이어서 앞으로 대학로를 찾는 많은 사람들에게 마로니에 공원은 여러 가지 ❹ ________ 문화를 ❺ ________을/ㄹ 수 있는 문화의 중심지가 될 것이다.

2. 다음 [보기]에서 알맞은 말을 골라 빈 칸에 쓰십시오.

[보기]	윷놀이	연날리기	씨름	줄다리기	강강술래

❶ 운동회, 밧줄 (줄다리기)

❷ 천하장사, 모래판, 띠 ( )

❸ 보름달, 한복, 원형, 노래 ( )

❹ 도, 개, 걸, 윷, 모 ( )

❺ 연줄, 방패연, 가오리연, 소원 ( )

문법

–을 겸

3. '–을 겸'을 사용해 다음 문장을 완성하십시오.

가야 할 장소	할 일	
도서관	책을 빌린다.	기사 발표 준비를 한다.
여행사	여행 정보를 알아본다.	비행기 표를 예약한다.
서점	사전 종류를 살펴본다.	새로 나온 책을 산다.
은행	밀린 휴대전화 요금을 낸다.	통장을 만든다.
백화점	며칠 전에 산 청바지를 바꾼다.	부모님 선물을 산다.
서울 타워	공연을 본다.	서울 야경을 구경한다.

❶ 책도 빌릴 ~~을/ㄹ~~ 겸 기사 발표 준비도 할 ~~을/ㄹ~~ 겸 도서관에 가려고 해요 .

❷ ________ 을/ㄹ 겸 ________ 을/ㄹ 겸 ________

❸ ________ 을/ㄹ 겸 ________ 을/ㄹ 겸 ________

❹ ________ 을/ㄹ 겸 ________ 을/ㄹ 겸 ________

❺ ________

❻ ________

4. '–을 겸'을 사용해 대화를 완성하십시오.

❶ 가 : 지난 주말에 뭐 하셨어요?
나 : 도자기도 만들어 볼 ~~을/ㄹ~~ 겸 머리도 식힐 ~~을/ㄹ~~ 겸 이천 도자기 축제에 갔다 왔어요.

❷ 가 : 이번 휴가에 뭘 할 거예요?
나 : ________ 을/ㄹ 겸 ________ 을/ㄹ 겸 제주도에 가기로 했어요.

❸ 가 : 요즘은 차를 안 가지고 다니시네요. 차가 고장났어요?
나 : 아니요, ________ 을/ㄹ 겸 ________ 을/ㄹ 겸 걸어 다니기로 했어요.

❹ 가 : 이번 학기에 축구 동아리에 가입했다면서요?
나 : 네, ________ 을/ㄹ 겸 ________ 을/ㄹ 겸 ________

❺ 가 : 방학 때 바닷가에서 안전요원으로 일할 거라면서요?
나 : 네, ________

❻ 가 : 외국에 가서 한국어를 가르치는 자원 봉사를 하셨다면서요?
나 : 네, ________

-는다던데

5. 다음을 보고 문장을 완성하십시오.

- 세계에서 도심을 흐르는 강 중에 가장 큰 강이 한강이다.
- 지난 주말에 월드컵 경기장에서 한국 대 일본 축구 경기가 열렸다.
- '서울시 외국인 장기 자랑 대회'에 참가할 학생들을 모집한다.
- 대통령이 자신의 재산을 기부하기로 했다.
- 한국에는 '명절 스트레스'라는 말이 있다.
- 한글을 공식 문자로 쓰는 해외 소수 민족이 생겼다.

❶ 세계에서 도심을 흐르는 강 중에 가장 큰 강이 한강이라던데 ~~는다던데/ㄴ다던데/다던데~~ 정말이에요?

❷ ………………………… 는다던데/ㄴ다던데/다던데 어느 팀이 이겼어요?

❸ ………………………… 는다던데/ㄴ다던데/다던데 …………………

❹ ………………………… 는다던데/ㄴ다던데/다던데 …………………

❺ ………………………… 는다던데/ㄴ다던데/다던데 …………………

❻ ………………………… 는다던데/ㄴ다던데/다던데 …………………

6. '-는다던데'를 사용해 다음 대화를 완성하십시오.

❶ 가 : 주말에 뭘 하면 좋을지 생각 중이에요.
나 : 서울광장에서 축제가 열린다던데 ~~는다던데/ㄴ다던데/다던데~~ 한번 가 보세요.

❷ 가 : 감기에 걸렸는데 어떤 차를 마시면 좋을까요?
나 : ………………………… 는다던데/ㄴ다던데/다던데 드셔 보세요.

❸ 가 : 요즘 뭐 좀 재미있는 공연이 없을까요?
나 : ………………………… 는다던데/ㄴ다던데/다던데 주말에 같이 볼까요?

❹ 가 : 이번 연휴에 부산에 가고 싶은데 어떤 교통편이 편리할까요?
나 : ………………………… 는다던데/ㄴ다던데/다던데 …………………

❺ 가 : 아이 키가 크지 않아서 걱정이에요. 무슨 운동을 시키면 좋을까요?
나 : …………………………………………

❻ 가 : 일본에 여행을 가려고 하는데 혹시 일본 여행 정보를 잘 아는 사람이 있을까요?
나 : …………………………………………

4과 2항

어휘

1. 다음 [보기]에서 알맞은 말을 골라 빈 칸에 쓰십시오.

[보기] 완전히 상쾌하다 후후 흘리다

❶ 땀을 흘리며 열심히 운동을 한 후 샤워를 하니 기분이 정말 (상쾌하다)~~는다/ㄴ다/다~~.

❷ 옷에 음식을 ( )지 않도록 조심해서 먹어라.

❸ 어머니는 수술을 하고 나서 한 달 후에 ( ) 건강을 회복하셨다.

❹ 쌀쌀한 가을철에는 국물 요리가 최고다. 뜨거운 국물을 ( ) 불어 가면서 먹으면 정말 맛있다.

2. 다음 [보기]에서 알맞은 말을 골라 빈 칸에 쓰십시오.

[보기] 달콤하다 쌉쌀하다 매콤하다 담백하다 느끼하다 떫다 고소하다 비리다

녹차 케이크 – "생크림의 부드럽고 ❶ 달콤한 ~~은/ㄴ~~ 맛이 정말 좋아요. 후식으로 그만입니다. 녹차의 ❷ ______ 은/ㄴ 맛이 입을 깨끗하게 만들어 주는 것 같아요."

고추 소스 생선 튀김 – "고추 소스 때문인지 생선의 ❸ ______ 은/ㄴ 맛이 전혀 없어요. 기름에 튀겼는데도 ❹ ______ 지 않아요."

인삼 미역국 – "양념을 전혀 넣지 않고 오래 끓여 국물이 참 ❺ ______ 고 맛있습니다. 인삼이 들어가서 그런지 조금 ❻ ______ 은/ㄴ 맛이 있어요. 몸에 좋을 것 같아요."

새우 고추장 볶음 – "새우에 고추장을 넣어서 약간 ❼ ______ 네요. 호두를 같이 넣어서 끝 맛은 아주 ❽ ______ 습니다/ㅂ니다."

문법

-는걸요

3. '-는걸요'를 사용해 다음 대화를 완성하십시오.

우리 회사 김 과장님은 아주 무뚝뚝하신 분이라고 알려져 있다. 하지만 같은 부서에서 근무하면서 김 과장님이 정말 친절하고 좋은 분이라는 것을 알게 되었다. 김 과장님은 우리 부서 사람들 중에서 제일 일찍 출근하신다. 부하 직원들의 생일도 빠짐없이 챙겨 주신다. 회의 시간에는 자료 정리를 다 해 놓으셔서 우리가 준비할 것이 없다. 또 우리에게도 꼭 존댓말을 하신다. 어제는 이런 일이 있었다. 서류를 하루 늦게 제출해서 꾸중을 들을까 봐 마음이 조마조마했는데 김 과장님은 화를 내지 않으시고 오히려 내용이 좋다고 칭찬해 주셨다.

❶ 가 : 김 과장님은 아주 무뚝뚝하시다면서요? 무서울 것 같은데요.
나 : 말은 없으시지만 정말 친절하고 좋은 분인걸요 ~~는걸요/은걸요/ㄴ걸요~~.

❷ 가 : 김 과장님은 집이 머니까 다른 사원들보다 늦게 출근하시지요?
나 : 아니요, 오히려 .... 는걸요/은걸요/ㄴ걸요.

❸ 가 : 김 과장님은 부하 직원들에게 별로 신경을 쓸 것 같지 않은데요.
나 : 아니요, ... 는걸요/은걸요/ㄴ걸요.

❹ 가 : 회의 자료를 정리하려면 힘들지 않아요?
나 : 아니요, ... 는걸요/은걸요/ㄴ걸요.

❺ 가 : 김 과장님은 사원들에게 반말을 하지요?
나 : 아니요, ...

❻ 가 : 어제 서류를 늦게 제출해서 꾸중을 듣지 않았어요?
나 : 아니요, ...

4. '–는걸요'를 사용해 다음 대화를 완성하십시오.

❶ 가 : 주말마다 등산을 하면 피곤하지 않아요?
나 : 피곤하기는요. 오히려 몸이 훨씬 건강해졌는걸요 ~~는걸요/은걸요/ㄴ걸요~~.

❷ 가 : 한국에 온 지 1년이 지났으니 이제 한국 문화에 대해 많이 아시겠어요.
나 : 많이 알기는요, ________________ 는걸요/은걸요/ㄴ걸요.

❸ 가 : 시골 생활이 불편하지 않으세요?
나 : 불편하기는요, ________________ 는걸요/은걸요/ㄴ걸요.

❹ 가 : 한국에 있는 동안 도움을 많이 못 드려서 죄송해요.
나 : 무슨 말씀이세요, ________________ 는걸요/은걸요/ㄴ걸요.

❺ 가 : 어머님이 병으로 입원하셨다더니 아직도 많이 아프세요?
나 : 아니요, ________________

❻ 가 : 바쁘실 텐데 제 생일 파티에 와 주셔서 정말 고마워요.
나 : ________________

–에 비하면

5. '–에 비하면'을 사용해 다음 문장을 완성하십시오.

올해 10세 평균 키 : 143cm	10년 전 10세 평균 키 : 138cm
작년 도시 근로자 평균 임금 : 290만원	10년 전 도시 근로자 평균 임금 : 200만원
한국의 S 커피값 : 5천원	미국의 S 커피값 : 3천원
한국의 전업 주부 연봉 계산 : 약 2천 5백만원	영국의 전업 주부 연봉 계산 : 약 5천 5백만원
올해 기름값 : 1리터 = 1,600원	작년 기름값 : 1리터 = 1,300원
ㅂ사이트에서 판매하는 휴대전화 가격 : 25만원	ㄱ사이트에서 판매하는 휴대전화 가격 : 20만원

❶ 올해 10세 평균 키는 143cm로 10년 전 10세 평균 키 에 비하면 약 5cm 커진 것이다 .

❷ 작년 도시 근로자의 평균 임금은 290만원으로 ________________ 에 비하면
____

❸ 한국의 S 커피값은 5,000원으로 ______________ 에 비하면 ______________

❹ 한국의 전업 주부 연봉은 약 2천 5백만원으로 계산되었는데 ______________ 에 비하면

____

❺ 올해 기름값이 1리터에 1,600원으로 ______________

❻ 가격 비교 사이트에서 찾아보니 ㅂ사이트에서 판매하는 휴대전화 가격은 25만원으로 ______________

____

…

6. '-에 비하면'을 사용해 대화를 완성하십시오.

❶ 가 : 밤낮으로 어머니 병간호하느라고 힘드시지 않아요?
나 : 지금까지 키워주신 부모님 은혜 에 비하면 아무것도 아니에요.

❷ 가 : 아이가 체중이 많이 나가는 편이에요?
나 : 네, 40kg이니까 ______________ 에 비하면 체중이 많이 나가는 편이에요.

❸ 가 : 하숙집에 살면 식사가 제공되니까 기숙사보다 편할 것 같은데요.
나 : 네, 하지만 ______________ 에 비하면 ______________

❹ 가 : 5년 만에 서울에 오시니까 어때요? 서울에 많은 변화가 생겼지요?
나 : 네, ______________ 에 비하면 ______________

❺ 가 : 요즘은 좀 여유가 있어 보이는데 회사 생활에 적응이 되었어요?
나 : 네, ______________

❻ 가 : 잡채는 손이 많이 가는 음식이라서 만들기가 조금 어려운 것 같아요.
나 : ______________

4과 3항

어휘

1. 다음 [보기]에서 알맞은 말을 골라 빈 칸에 쓰십시오.

[보기] 우연히 세대 차이 놀랍다 마찬가지 번역하다 게다가

❶ 책상 정리를 하다가 (우연히) 10년 전에 쓴 일기장을 발견했다.

❷ 지금 계획을 바꾼다고 해도 결과는 (   )이에요/예요.

❸ 한국말을 배운 지 1년밖에 안 되었는데 저렇게 잘 하다니 정말 (   )어요/아요/여요.

❹ 결혼관에 대해 부모님과 이야기를 나누다 보면 (   )을/를 느낄 때가 많다.

❺ 직장에서 내가 하는 일은 영어로 된 문서를 한국어로 (   )는/은/ㄴ 일이다.

❻ 아침에 비가 와서 길이 막혔다. (   ) 사고까지 나서 학교까지 1시간이나 더 걸렸다.

2. 다음 [보기]에서 알맞은 말을 골라 빈 칸에 쓰십시오.

[보기] 거절하다 격려하다 권하다 농담하다 칭찬하다 고백하다

〈우리 반 소개〉

민수 씨는 첫인상이 매우 차가워 보였는데 사귀어 보니까 아주 재미있고 ❶ 농담하는 ~~는/은/ㄴ~~ 것을 좋아하는 사람이었다. 리에 씨는 소극적인 성격이라서 좋아하는 사람에게 먼저 좋아한다고 솔직히 ❷ .... 지 못한다. 그 사람이 데이트 신청을 ❸ .... 을까/ㄹ까 봐 걱정하기 때문이다. 수잔 씨는 다른 사람을 잘 이해하고 용기를 주는 사람이다. 지난번에 내가 시험을 못 봐서 걱정하고 있을 때도 다음에는 잘 할 수 있을 거라고 ❹ .... 어/아/여 줘서 힘을 얻을 수 있었다. 김 선생님은 학생들에게 친절하다. 학생들이 읽을 때 잘 했다고 항상 ❺ .... 어/아/여 주신다. 이번에도 나한테 한국어 공부에 도움이 되는 책을 ❻ .... 어/아/여 주셨다.

문법

–건–건

3. '–건–건'을 사용해 다음 문장을 완성하십시오.

학교 기숙사 규칙
- 주말, 주중 상관없이 밤 10시까지 기숙사에 들어 와야 한다.
- 직원과 학생 모두 반드시 출입증을 지참해야 한다.
- 음식이나 술은 기숙사 내에 절대 가지고 들어 올 수 없다.
- 남녀 상관없이 기숙사 내에 친구를 초대할 수 없다.
- 기숙사 내 도서관은 도서관을 이용하지 않아도 일주일에 한 번씩 도서정리를 해야 한다.
- 기숙생들은 나이와 상관없이 서로 존댓말을 사용해야 한다.

학생 : 기숙사의 규칙에 대해 말씀해 주세요.

기숙사 관계자 : 우리 기숙사는 규칙이 엄격한 편입니다. 우선 출입 시간을 꼭 지켜야 하는데 ❶ 주말이 건 주중이 건 상관없이 밤 10시까지는 꼭 들어와야 합니다. 기숙사에 들어오려면 ❷ ________ 건 ________ 건 반드시 출입증을 지참해야 합니다. 또한 ❸ ________ 건 ________ 건 절대 가지고 들어올 수 없습니다. 친구를 초대하는 것도 금지하고 있습니다. 그렇기 때문에 ❹ ________ 건 ________ 건 ________. 그리고 우리 기숙사 내에 도서관이 있는데, 이 도서관은 ❺ ________ 건 ________ 건 ________. 우리 기숙사 내에서는 예의를 지키기 위해서 ❻ ________ 건 ________ 건 ________

4. '–건–건'을 사용해 다음 대화를 완성하십시오.

❶ 가 : 지나가는 차도 없는데 그냥 건너갑시다. 시간이 없어요.
나 : 지나가는 차가 있 건 없 건 신호는 지켜야지요.

❷ 가 : 일을 어쩔 수 없이 맡긴 했지만 정말 하기 싫어요.
나 : ________ 건 ________ 건 맡은 일은 꼭 해야 해요.

❸ 가 : 요즘 시험 기간도 아닌데 뭘 그렇게 열심히 공부해요?
나 : ________ 건 ________ 건 항상 열심히 공부해야지요.

❹ 가 : 특별한 일도 없고 해서 요즘엔 부모님께 전화를 안 해요.

나 : .... 건 .... 건 부모님께 안부 전화는 드려야지요.

❺ 가 : 건강이 나쁜 것도 아니어서 운동에는 통 관심이 없어요.

나 : ....

❻ 가 : 저 분은 우리 부서 상사도 아닌데 꼭 인사를 해야 하나요?

나 : ....

-는다고들 하다

5. '-는다고들 하다'를 사용해 문장을 완성하십시오.

❶ 한국은 물가에 비하면 교통비가 싼 편이라고들 ~~는다고들/ㄴ다고들/다고~~들 한다.

❷ .... 는다고들/ㄴ다고들/다고들 한다.

❸ .... 는다고들/ㄴ다고들/다고들 한다.

❹ .... 는다고들/ㄴ다고들/다고들 한다.

❺ ....

❻ ....

6. '-는다고들 하다'를 사용해 다음 대화를 완성하십시오.

❶ 가 : 이틀 동안 휴가인데 바다를 볼 수 있는 가까운 곳이 있을까요?
나 : 강릉이 바다가 아름답고 교통도 편리하다고들 ~~는다고들/ㄴ다고들/다고~~들 하던데요.

❷ 가 : 가벼운 운동을 시작해 보고 싶은데요. 무슨 운동이 좋을까요?
나 : 자전거나 요가가 .... 는다고들/ㄴ다고들/다고들 하던데 한번 해 보세요.

❸ 가 : 한국 친구의 집들이 선물로 뭐가 좋을까요?
나 : 한국 사람들은 집들이 선물로 .... 는다고들/ㄴ다고들/다고들 하던데요.

❹ 가 : 전자 사전을 사고 싶은데 어디에서 사면 싸게 살 수 있어요?
나 : .... 는다고들/ㄴ다고들/다고들 하던데 ....

❺ 가 : 한국에서 취업을 하고 싶은데 어떻게 준비해야 할지 모르겠어요.
나 : ....

❻ 가 : 옛날에 비해 아이들의 평균 신장이 많이 커졌으니까 체력도 좋아졌을 것 같아요.
나 : ....

4과 4항

어휘

1. 다음 [보기]에서 알맞은 말을 골라 빈 칸에 쓰십시오.

[보기]	답사하다	관찰하다	그만이다	공유하다	색다르다	벅차다

❶ 이번 문화 체험은 한국 전통 문화를 직접 느낄 수 있는 아주 (색다른)~~은/ㄴ~~ 경험이었다.

❷ 이 보고서는 지난 주말 신라의 수도 경주를 ( )고 나서 쓴 것이다.

❸ 요즘 맡은 일은 전문적인 지식이 필요한 일이어서 신입사원인 내가 혼자 하기에는 무척 ( )는다/ㄴ다/다.

❹ 인터넷 카페에 등록하면 회원들끼리 필요한 정보를 ( )을/ㄹ 수 있어서 도움이 된다.

❺ 양평은 서울에서 가깝고 숙박 시설이 잘 되어 있어서 주말 가족 여행지로 ( )는다/ㄴ다/다.

❻ 아이들에게는 주위 사물을 자세히 ( )는/은/ㄴ 후 느낀 점을 쓰는 연습이 필요하다.

2. 다음 [보기]에서 알맞은 말을 골라 빈 칸에 쓰십시오.

[보기]	체험하다	봉사하다	휴식을 취하다	자기계발을 하다	취미활동을 하다

영수 : 회사 생활이 너무 바쁘다 보니 주말에는 거의 집에서 잠을 자거나 음악을 들으면서 ❶ 휴식을 취하는 ~~는/은/ㄴ~~ 경우가 대부분이에요.

민호 : 하지만 요즘은 주 5일제 근무제가 시작되어서 저는 그동안 하고 싶었던 운동도 시작했고 주말마다 동호회 회원들과 함께 사진을 찍는 등 ❷ ________ 고 있어요.

사라 : 저는 요즘 여가 시간에 외로운 노인들을 도와주고 맞벌이 부부의 아이들에게 무료로 영어를 가르치는데 이렇게 ❸ ________ 으면서/면서 보람을 얻고 있어요.

지수 : 저는 지금까지 특별히 하는 일 없이 빈둥거리면서 주말을 보냈는데 앞으로는 컴퓨터나 외국어 등을 배우면서 ❹ ________ 는/은/ㄴ 시간을 많이 가지고 싶어요.

리에 : 저는 한국에 와서 아직 많은 곳을 가보지 못했어요. 앞으로는 문화제나 전통 마을 등을 다니면서 한국 문화나 한국인의 삶을 직접 ❺ ________ 어/아/여 보고 싶어요.

문법

–이며 –이며

3. 다음 문장을 완성하십시오.

우리 하숙집의 특징	
위치	지하철역과 시내, 시외 버스 정류장이 바로 집 앞에 있음
방	침대, 책상, 옷장 등 가구가 있음
아주머니	한국 음식, 중국 음식, 양식 등 못 하는 요리가 없음
아저씨	컴퓨터, 에어컨 등 모든 전자 제품을 수리할 수 있음
주위 환경	24시간 편의점, 찜질방, 헬스 클럽, 미용실 등 편의 시설이 있음
기타	인삼차, 생강차, 율무차 등 다양한 한국 전통차를 마실 수 있는 야외 까페가 있음

우리 하숙집은 교통이 아주 편리합니다. 큰길과 가까워서 ❶ 지하철이며 ~~이며/며~~ 버스며 ~~이며/며~~ 원하는 대중 교통을 편리하게 이용할 수 있습니다. 또한 방마다 ❷ ________ 이며/며 ________ 이며/며 모든 가구가 있어서 따로 구입할 필요가 없습니다. 하숙집 아주머니와 아저씨를 소개하지요. 아주머니는 ❸ ________ 이며/며 ________ 이며/며 못 하시는 요리가 없어서 식사 시간이 매일 즐겁습니다. 아저씨는 ❹ ________ 이며/며 ________ 이며/며 모든 전자 제품을 수리할 수 있어서 뭐든 고장이 날 때마다 아저씨에게 도움을 청한답니다. 우리 하숙집 주위에는 ❺ ________ 이며/며 ________ 이며/며 다양한 편의 시설이 있어서 일부러 멀리까지 나가지 않아도 됩니다. 참, 우리 하숙집만의 자랑거리가 있어요. 하숙집 1층에 위치한 야외 까페에서는 ❻ ________ 이며/며 ________ 이며/며 다양한 한국 전통차를 마실 수 있어요. 상쾌한 야외 까페에서 차를 마시며 하숙생들과 이야기할 수 있는 색다른 하숙집, 우리 하숙집으로 오십시오!

4. '–이며 –이며'를 사용해 다음 대화를 완성하십시오.

❶ 가 : 기사 발표를 해야 하는데 대학 도서관에 가면 자료를 찾을 수 있을까요?
나 : 그럼요, 도서관에는 신문이며 ~~이며/며~~ 잡지며 ~~이며/며~~ 없는 게 없어요.

❷ 가 : 부산에 여행을 가려고 하는데 부산에 대한 정보를 어떻게 구할 수 있을까요?
나 : 관광공사 사이트를 찾아보세요. ________ 이며/며 ________ 이며/며 관광에 필요한 모든 정보를 알 수 있어요.

❸ 가 : 부모님께 드릴 기념품을 사고 싶은데 어디가 좋아요?
나 : 남대문 시장에 가 보세요. ____________ 이며/며 ____________ 이며/며

____

❹ 가 : 혼자서 한국어를 배우거나 한국 문화를 알기에 좋은 TV 채널이 있나요?
나 : 네, 교육 방송을 시청해 보세요. ____________ 이며/며 ____________ 이며/며

____

❺ 가 : 요즘은 대형 서점에 없는 게 없는 것 같아요.
나 : 맞아요, 대형 서점에는 ____________________

❻ 가 : 남산 공원이 많이 달라졌다고 하던데 사실이에요?
나 : 네, ____________________

여간 –지 않다

5. 다음 글을 읽고 문장을 완성하십시오.

10월이 되면 한국은 전형적인 가을 날씨를 보입니다. 아침저녁 기온이 10도 정도로 꽤 쌀쌀해집니다. 이때쯤이면 단풍이 들기 시작하는데 그 경치가 너무나 아름답습니다. 한국 사람들은 단풍 여행을 즐기기 때문에 단풍철이 되면 유명한 산들에는 등산객들이 아주 많습니다. 또한 11월에는 대학 입학 시험이 있어서 수험생들은 마지막 시험 준비를 하느라고 매우 힘든 시간을 보내야 합니다. 한국은 대학 입학 경쟁률이 매우 높은 편이므로 수험생들은 원하는 대학에 입학하는 것이 매우 어렵습니다. 한편 12월이 되면 주부들도 바빠집니다. 김장을 준비해야 하기 때문이지요.

❶ 10월에 한국은 아침저녁으로 ____여간 쌀쌀하____ 지 않아요.
❷ 단풍이 들면 그 경치가 ____________ 는/은/ㄴ 게 아니에요.
❸ 단풍철에는 단풍을 즐기려는 등산객들이 ____________ 지 않아요.
❹ 11월에는 대학 입학 시험이 있어서 수험생들이 ____________ 는/은/ㄴ 게 아니에요.
❺ 한국에서는 원하는 대학에 입학하는 것이 ____________ 지 않아요.
❻ 12월이 되면 김장을 준비하느라고 주부들이 ____________ 는/은/ㄴ 게 아니에요.

YONSEI KOREAN WORKBOOK 4

6. '여간 -지 않다'를 사용해 다음 대화를 완성하십시오.

❶ 가 : 출입국 관리 사무소에 잘 다녀오셨어요?
나 : 기다리는 사람들이 너무 많아서 ....여간 시간이 많이 걸린........ ~~는/은/ㄴ~~ 게 아니에요.

❷ 가 : 요즘 통 잠을 못 자는 것 같은데, 무슨 일이 있어요?
나 : 네, 집 앞에 새로 생긴 노래방 때문에 밤마다 여간 .... 는/은/ㄴ 게 아니에요.

❸ 가 : 4급에서 공부해 보니까 어때요?
나 : 재미있기는 한데 기사 발표를 준비하느라고 여간 .... 지 않아요.

❹ 가 : 회사 근처로 이사하시니까 편하시겠어요.
나 : 하지만 도심이어서 월세며 식비며 .... 는/은/ㄴ 게 아니에요.

❺ 가 : 기숙사 생활은 어때요? 룸메이트와 별 문제는 없어요?
나 : ....

❻ 가 : 고향하고 한국하고 시간 차이가 많이 나지요?
나 : ....

듣기 연습

CD : 04

※ 다음을 듣고 질문에 답하십시오.

1. 이 뉴스는 무엇에 대한 내용입니까? (　　)

❶ 경주를 자전거로 여행하는 방법
❷ 경주 자전거 문화 투어 프로그램 소개
❸ 자전거 문화 유적 체험의 좋은 점
❹ 경주 자전거 투어 관광객이 증가하는 이유

2. '자전거 문화 유적 체험 투어'를 개발한 목적은 무엇입니까? 2가지 쓰십시오.

❶ ....

....

❷ ....

....

3. 들은 내용과 같으면 O표, 다르면 X표 하십시오.

❶ '자전거 문화 유적 체험 투어'를 개발한 것은 경주시이다. (　　)

❷ '자전거 문화 유적 체험 투어'에 참가하면 전문가의 해설을 들을 수 있다. (　　)

❸ '자전거 문화 유적 체험 투어'는 일 년 동안 계속된다. (　　)

❹ '자전거 문화 유적 체험 투어'에 참가하는 사람들은 본인의 자전거를 가지고 가야 한다. (　　)

읽기 연습

※ 다음을 읽고 질문에 답하십시오.

양반 문화가 부자 마을을 만들어요.

경북 청송군 개실 마을, 100여명이 모여 사는 이 작은 마을이 요즘 관광객들로 활기를 얻고 있다. 개실 마을이 〈체험 마을〉 성공 모델로 인기를 모으는 이유는 무엇일까?

개실 마을은 조선 시대 양반 가문의 전통을 그대로 따르고 있는 곳이다. 조상 대대로 내려오는 풍습을 지키며 살고 있는 이곳은 2006년 전통 한과를 인터넷으로 판매하면서 사람들에게 알려지기 시작했다. 이후 마을을 찾는 관광객들을 위해 주민들은 전통 가옥을 민박집으로 제공하고 제사와 차례 풍습을 소개할 뿐 아니라 엿 만들기, 제사 음식 준비하기 등을 직접 체험할 수 있는 프로그램을 만들었다. 특히 전통 양반 결혼식을 체험하고 혼례음식을 맛보는 색다른 프로그램은 관광객들에게 큰 인기를 얻어 올해 개실 마을을 찾은 관광객이 4만 명을 넘었다.

개실 마을 대표 김광호 이장은 "양반 문화가 옛날 것이라서 요즘 사람들에게 맞지 않을 줄 알았는데 한국의 젊은이뿐만 아니라 외국 사람들도 색달라서 좋다고 하니 여간 기쁜 게 아니다. 앞으로도 개실 마을의 양반 문화와 전통도 알릴 겸 마을도 발전시킬 겸 관광 사업을 적극적으로 개발해 나갈 것이다."라고 말했다.

1. 위 글은 무슨 글입니까? (   )

❶ 편지　　❷ 신문기사
❸ 일기　　❹ 광고

2. 관광객들이 개실 마을에서 할 수 있는 일이 아닌 것은 무엇입니까? (   )

❶ 전통 한과를 먹을 수 있다.　　❷ 제사 음식을 준비해 볼 수 있다.
❸ 전통 양반 결혼식을 체험할 수 있다.　　❹ 전통 가옥에서 민박을 할 수 있다.

3. 개실 마을이 관광 사업을 적극적으로 개발하려는 목적은 무엇입니까?

❶ ....

❷ ....

말하기 • 쓰기 연습

1. 배운 문법을 사용해 친구에게 질문하고 대답하십시오.

질문	친구 1	친구 2
1. 주말에 해 볼 만하다고 들은 여가 활동을 다른 친구들에게 추천해 주십시오. (–는다던데, 여간 –지 않다)		
2. 하숙집과 기숙사 생활을 비교해 보세요. 또 자신이 사는 곳의 좋은 점을 이야기해 보십시오. (–에 비하면, –이며 –이며)		
3. 집에서 가족들이 꼭 지켜야 하는 규칙이나 그 나라 국민이 꼭 지켜야 하는 규칙이 무엇인지 물어 보십시오. (–건 –건)		
4. 한국에서 꼭 해 보고 싶은 것을 물어 보세요. 또 자신의 방학 계획을 말해 보십시오. (–을 겸)		

2. 다음 글을 읽고 자신의 생각을 써 보십시오. 또 옛날에 비해 달라진 현대 사회의 모습에 대한 자신의 생각을 친구와 같이 이야기해 보십시오.

흔히 기성 세대는 "요즘 애들은 우리 때와 너무 달라."라는 말을 하는데 여기에는 세대 간의 차이, 살아 온 환경, 현재 환경의 차이 등 여러 가지 원인이 있다. 이 차이를 좁히려면 두 가지 관점에서의 이해가 필요하다.

첫째는 가정의 변화이다. 예전의 가정은 3대가 함께 사는 대가족이었다. 할아버지, 할머니, 부모, 자녀가 같이 살다 보니 서로에 대한 의무와 책임감을 자연스럽게 느끼게 되면서 가정 교육이 이루어졌다. 그러나 요즘은 핵가족 시대이다. 맞벌이 부부가 많고 형제, 자매가 없다 보니 아이들은 윗세대로부터 본받고 배울 기회를 얻지 못한다.

둘째는 사회의 변화이다. 문화가 발달하면서 더 자유스러워진 것 같지만 사실 현대 문화는 개인을 더욱 외롭게 만든다. 인터넷 등 통신 기술의 발달로 생활은 편리해졌으나 인간적인 정은 많이 사라졌다. 많은 문명의 도구가 있으나 인간적인 정이 없어서 청소년기 아이들은 외로움을 느낀다.

한자성어 2

1. 동문서답(東問西答)

동쪽 물음에 서쪽 대답이란 뜻으로 묻는 말에 대해서 전혀 다른 뜻으로 엉뚱하게 대답한다는 뜻

• 친구에게 시청에 가는 길을 물었는데 시청 주위가 복잡하다는 말만 계속 하니 웬 동문서답인지 모르겠다.

2. 이심전심(以心傳心)

말이나 글로 전하지 않고 마음에서 마음으로 전함

• 이심전심이라는 말처럼 친구와 나는 말을 하지 않아도 서로의 마음을 잘 안다.

3. 작심삼일(作心三日)

마음먹은 일이 삼일을 가지 못한다는 뜻으로 결심한 일이 오래 가지 못한다는 뜻

• 운동을 시작했는데 며칠을 가지 못해서 그만두고 말았다. 정말 작심삼일이다.

4. 팔방미인(八方美人)

어느 방면으로 보나 아름다운 사람. 모든 방면에 능통한 사람

• 제임스 씨는 그림도 잘 그리고 외국어도 잘 하고 못 하는 것이 없는 팔방미인이다.

5. 부전자전 (父傳子傳)

자자손손 전해진다는 뜻으로 아버지가 아들에게 전함. 그 아버지의 그 아들

• 부전자전이라더니 노래를 그렇게 잘 하시던 민수 아버지처럼 민수도 노래를 잘 한다.

한자성어 2 연습

1. 가 : 주영 씨가 이번 시험에서 100점을 받았대요.

나 : 주영 씨는 성격도 좋고 운동도 잘 하는데다가 공부도 잘 하니 ________________ 이네요/요.

2. 가 : 날씨도 좋은데 땡땡이치고 영화나 보러 갈까?

나 : ________________ 이네/네. 나도 마침 너한테 같이 놀러 가자고 얘기할 참이었는데.

3. 가 : 영수 씨가 담배를 끊는다고 하더니 오늘 보니까 다시 피우고 있던데요.

나 : 그래요? ________________ 이라는/라는 말이 맞군요. 며칠 지나지 않아 다시 피우는 걸 보니…….

4. 가 : 옆집 아이는 정말 공부를 잘 하는 것 같아.

나 : 아버지가 교수라고 들었는데 아이도 공부를 잘 하네. 정말 ________________ 이구나/구나.

5. 가 : 주식이 올라 돈을 많이 벌었지? 한턱내.

나 : 음, 요즘 날씨가 왜 이렇게 더운지 모르겠다.

가 : 한턱내라는데 내 말에 대답은 않고 웬 ________________ 이야/야?

제 5 과 시간과 변화

5과 1항

어휘

1. 다음 [보기]에서 알맞은 말을 골라 빈 칸에 쓰십시오.

[보기] 기술 나날이 목록 유통 기한 산지 표시

❶ 요즘 언어 교환을 해서 그런지 한국어 실력이 (나날이) 늘고 있다.
❷ 학교에서 나눠 준 추천 도서 ( ) 중에 내가 이미 본 책들이 많았다.
❸ 식품을 구입할 때 ( )이/가 언제까지인지 잘 살펴보고 사야 해요.
❹ 기업들마다 더 나은 제품을 만들기 위해 ( ) 개발에 힘쓰고 있다.
❺ 선생님께서 시험지에 틀린 부분을 빨간색으로 ( )해 놓으셨어요.
❻ 도시에 사는 사람들도 해산물을 ( )에서 직접 배송 받을 수 있다.

2. 다음 [보기]에서 알맞은 말을 골라 빈 칸에 쓰십시오.

[보기] 현재 옛날 훗날 고대 현대 세기 세대 시절 시대

■	❶ 시	절	■	■	■	❺	
❷		■	❸	■	❻		■
	■	❹		■	■	■	■

[가로]
❶ 힘들었던 (시절)을/를 생각하면 지금도 눈물이 나요.
❷ 부모와 자식 간에도 의견을 주고받다 보면 서로 ( ) 차이를 느낀다.
❹ 오늘의 감동적인 이 일은 ( ) 여러 사람에게 기억될 것이다.
❺ ( ) 상태에 만족하지 말고 더 나아지도록 노력하세요.
❻ 이집트의 나일 강과 중국 황허 유역 등에서 ( ) 문명이 생겨났다.

[세로]

❶ 지금은 컴퓨터 없이 살 수 없는 (　　　　　)이/가 됐어요.

❷ 한 (　　　　　)은/는 백 년이다.

❸ (　　　　　)에 비하면 요즘은 생활이 여러 가지로 많이 편리해졌어요.

❺ 바쁘고 복잡한 (　　　　　)을/를 살아가려면 지혜가 필요하다.

문법

-만 해도

3. 다음을 보고 문장을 완성하십시오.

❶ 앞으로 줄일 직원 수

ㄱ기업 : 2천 명 정도
ㄴ기업 : 2천 5백 명 정도
ㄷ기업 : 3천 명 정도

최근 각 기업들이 직원 수를 줄이고 있다. ㄱ 기업 만 해도 앞으로 직원 수를 2천 명쯤 줄일 예정이다.

❷ 한 해 동안 어학연수를 받은 한국 학생 수

뉴질랜드 : 6천 명 정도
캐나다 : 7천 명 정도
호주 : 5천 명 정도

해외로 어학연수를 가는 한국 학생들이 나날이 늘고 있다. ______________ 만 해도 한 해 동안 7천 명 정도의 한국 학생들이 어학연수를 받았다.

❸ 8월 에어컨 판매량

ㄱ전자 대리점 : 2만 5천 대
ㄴ전자 대리점 : 2만 8천 대
ㄷ전자 대리점 : 3만 대

올 여름은 날씨가 여느 때보다 무더워서인지 각 전자 대리점마다 에어컨 판매량이 늘었다. ______________ 만 해도 ____

❹ 하루에 방문하는 외국인 관광객 수

동대문 시장 : 2천 명
서울 타워 : 천 5백 명
경복궁 : 2백 명

하루에 서울을 방문하는 외국인 관광객의 수는 대단히 많다. ________ 만 해도 ________________

❺ 제품의 교체 시기

휴대전화 : 구입한 지 1년 후
자동차 : 구입한 지 5년 후
컴퓨터 : 구입한 지 2년 후

고장이 나야 제품을 교체하는 것이 아니다. ________ 만 해도 ________________

❻ 판매가

배 : 2천 원
감 : 7백 원
사과 : 8백 원

올 가을에는 과일 농사가 잘 돼서 그런지 가격이 많이 떨어졌다. ________ 만 해도 ________________

____

4. '–만 해도'를 사용해 다음 대화를 완성하십시오.

❶ 가 : 다양한 기능들을 갖춘 제품이 젊은이들에게 인기가 많아요.
나 : 네, ____휴대전화____ 만 해도 ____텔레비전이며 인터넷이며 다 되잖아요.____

❷ 가 : 정부가 부동산 정책을 발표한 이후에 집값이 많이 내렸어요.
나 : ________________ 만 해도 집값이 5천만 원이나 떨어졌어요.

❸ 가 : 요즘은 서울 시내에서 주차하기가 너무 힘든 것 같아요.
나 : 맞아요, ________ 만 해도 ________________

❹ 가 : 김태호 선수가 올림픽에서 금메달을 딴 후에 수영이 인기가 많아졌다지요?
나 : 네, ________ 만 해도 ________________

❺ 가 : 물가가 올라서 그런지 요즘 생활비가 많이 드는 것 같아요.
나 : ________________________________

❻ 가 : 구인 광고를 냈더니 65세 이상 노인 분들도 신청을 많이 하셨던데요.
나 : ________________________________

-다가는

5. 맞는 내용을 고르고 문장을 완성하십시오.

❶ 그렇게 낭비만 합니다.

ㄱ. 돈을 빨리 모을 거예요. (X)
ㄴ. 필요할 때 돈을 못 쓰게 될 거예요. (O)

→ 그렇게 낭비만 하 다가는 필요할 때 돈을 못 쓰게 될 거예요.

❷ 그렇게 지나치게 조심합니다.

ㄱ. 아무 일도 못 할 거예요. ( )
ㄴ. 실수를 안 할 거예요. ( )

→ ______ 다가는 ______

❸ 그렇게 빨리 뛰어갑니다.

ㄱ. 제 시간에 도착할 거예요. ( )
ㄴ. 넘어질지 몰라요. ( )

→ ______ 다가는 ______

❹ 그렇게 계획을 미룹니다.

ㄱ. 일이 빨리 진행될 거예요. ( )
ㄴ. 일이 빨리 끝나지 않을 거예요. ( )

→ ______ 다가는 ______

❺ 그렇게 예의 없이 행동합니다.

ㄱ. 모든 사람들이 싫어하게 될지 몰라요. ( )
ㄴ. 좋은 결과가 나올 거예요. ( )

→ ______ 다가는 ______

❻ 이렇게 사람들이 소비를 안 합니다.

ㄱ. 회사들이 망하겠어요. ( )
ㄴ. 돈이 많이 모이겠어요. ( )

→ ______ 다가는 ______

6. '-다가는'을 사용해 다음 대화를 완성하십시오.

❶ 가 : 인터넷 쇼핑에 빠져서 일주일에 한두 번은 물건을 사는 것 같아요.
나 : 그렇게 돈을 막 쓰 다가는 나중에 후회하게 될 거예요.

❷ 가 : 시험이 얼마 남지 않았는데 공부하기 싫어서 하루에 한 시간도 안 하게 돼.
나 : ______________ 다가는 시험에 떨어질 거예요.

❸ 가 : 최근 들어 여성들이 아이를 안 가지려는 것 같지요?
나 : ______________ 다가는 ______________

❹ 가 : 요즘 바빠서 아침은 굶을 때가 많고 저녁은 일이 늦게 끝나서 늦게 먹게 돼요.
나: ______________ 다가는 ______________

❺ 가 : 이 일은 다음 주까지 하면 되니까 오늘 한잔하러 가자.
나: ______________

❻ 가 : 계획을 세우면 뭘 해요? 저는 계획을 세워 본 적이 한 번도 없어요.
나: ______________

5과 2항

어휘

1. 다음 [보기]에서 알맞은 말을 골라 빈 칸에 쓰십시오..

[보기] 중매 결혼 적령기 배우자 신세대 결혼관 맞벌이

남자들은 20대 후반에서 30대 중반, 여자들은 20대 중반에서 30대 초반이 ❶ 결혼 적령기 라고~~이라고/라고~~ 할 수 있다. 남녀가 만나서 연애를 통해 결혼에 이르기도 하고 연애의 과정을 거치지 않고 ❷ ________ 을/를 통해 바로 결혼하기도 하는데 요즘은 결혼 정보 회사의 소개로 ❸ ________ 을/를 만나는 경우도 흔히 볼 수 있다. 20대 남녀를 대상으로 한 설문 조사 결과 대부분의 젊은이들이 부부가 함께 직장 생활을 하는 ❹ ________ 을/를 선호하는 것으로 나타났다. 요즘 ❺ ________ 들의 달라진 ❻ ________ 을/를 알 수 있다.

2. 다음 [보기]에서 알맞은 말을 골라 빈 칸에 쓰십시오.

[보기] 파혼 재혼 기혼 혼담 혼기 혼수

❶ 평소 가깝게 지내던 두 집안 자녀들의 (혼담)이/~~가~~ 오갔다.

❷ 정민 씨는 학력을 속였다는 이유로 ( )을/를 당했어요.

❸ 다음 달에 결혼할 내 친구는 요즘 ( ) 준비로 바빠요.

❹ 미영 씨는 이혼한 후 계속 혼자 살다가 얼마 전에 초등학교 동창과 ( )했어요.

❺ 연예계에는 미혼 여성들도 많지만 ( ) 여성들도 활발한 활동을 하고 있다.

❻ 올해 마흔 살이 된 지선 씨는 그동안 부모 없이 동생들을 돌보느라고 ( )을/를 놓쳐 버렸다.

문법

-에 의하면

3. 두 문장이 같은 뜻이 되도록 만드십시오.

❶ 신문에 아파트 값이 많이 내렸다는 기사가 실렸어요.

→ 신문 기사 에 의하면 아파트 값이 많이 내렸대요.

❷ 올해 사업 결과를 봤더니 올 상반기 제품 판매량이 작년보다 10% 늘었더군요.

→ .... 에 의하면 올 상반기 제품 판매량이 작년보다 10% 늘었대요.

❸ 구입한 지 3일 안에는 교환이 가능하다고 판매 규정에 쓰여 있었어요.

→ .... 에 의하면 ....

❹ 오늘 아침 뉴스에서 이혼율이 점점 높아지고 있다고 했어요.

→ .... 에 의하면 ....

❺ 결혼관에 대해 조사해 봤더니 맞벌이를 선호하는 남성들이 많다는 결과가 나왔어요.

→ .... 에 의하면 ....

❻ 조선 시대 역사책에 옛날에는 호랑이가 시내에 자주 나타났었다는 이야기가 나와요.

→ .... 에 의하면 ....

4. '-에 의하면'을 사용해 다음 대화를 완성하십시오.

❶ 가 : 증세가 많이 좋아졌다고 하던데 언제 퇴원할 수 있대요?

나 : 의사 선생님 말씀 에 의하면 다음 주 쯤 퇴원할 수 있대요.

❷ 가 : 등록금이 오른다고 하던데 몇 % 오른대요?

나 : .... 에 의하면 15% 쯤 오른대요.

❸ 가 : 물을 빨리 써야 되는데 수돗물이 몇 시 쯤 나온대요?

나 : .... 에 의하면 ....

❹ 가 : 환율은 떨어지는데 금리는 왜 오를까요?

나 : .... 에 의하면 ....

❺ 가 : 내일 야유회를 가는데 날씨가 어떨까요?

나 : .... 에 의하면 ....

❻ 가 : 남북한 교류가 활발해졌다던데 한국이 언제쯤 통일이 될까요?

나 : .... 에 의하면 ....

-고서는

5. 상황에 맞게 문장을 완성하십시오.

❶ 장학금을 받으려면 점수가 좋아야 하는데 60점을 받았다.

"60점을 받 고서는 장학금을 받을 수 없어요."

❷ 한국 문화를 이해하고 싶어하는데 한국말을 모른다.

"______ 고서는 한국 문화를 이해할 수 없어요."

❸ 방에 신발을 신고 들어가면 안 되는데 신발을 신고 들어가려고 한다.

"______ 고서는 ______"

❹ 일을 다 끝내야 하는데 인원 보충을 더 안 한다.

"______ 고서는 ______"

❺ 어떤 사람인지 알려면 여러 번 만나 봐야 하는데 한 번만 만나 본다.

"______ 고서는 ______"

❻ 반바지를 입고 회사에 가면 안 되는데 반바지를 입고 회사에 가려고 한다.

"______ 고서는 ______"

6. '-고서는'을 사용해 다음 대화를 완성하십시오.

❶ 가 : 다음 주부터 봉사 활동을 하기로 했는데 일이 너무 힘들지 않았으면 좋겠어요. 저는 편한 일만 하고 싶어요.

나 : 그런 마음을 가지 고서는 봉사 활동을 할 수 없어요.

❷ 가 : 제 옷차림이 너무 화려한가요? 다들 제 옷차림이 화려하대요.

나 : ______ 고서는 회의에 참석할 수 없어요.

❸ 가 : 사진으로 여러 번 봤는데 박물관에 직접 가서 보려고 해요?

나 : ______ 고서는 ______

❹ 가 : 모임에 못 나오는 이유가 뭐예요? 아이가 집에 혼자 못 있어요?

나 : ______ 고서는 ______

❺ 가 : 오늘 등산을 하러 가는 줄 모르고 구두를 신고 왔는데 어떻게 하죠?

나 : ______

❻ 가 : 취업 정보를 구하러 다니느라고 바쁘시군요.

나 : ______

5과 3항

어휘

1. 다음 [보기]에서 알맞은 말을 골라 빈 칸에 쓰십시오.

[보기] 감시 안심 안전 제약 악용 침해

❶ 가게 주인이 가게 앞에 다른 차가 주차를 못하도록 (감시)하고 있다.

❷ 날것으로 먹으면 위험하지만 70도 이상의 물에서 끓여 먹으면 ( )합니다.

❸ 최근에 장난감 총이 진짜 총처럼 만들어져서 범죄에 ( )되고 있다.

❹ 나이가 어리면 여러 가지 사회적 활동에 ( )이/가 따른다.

❺ 영수 씨는 일을 꼼꼼히 처리하니까 ( )하고 맡길 수 있다.

❻ 의사가 환자에게 병에 대해 자세하게 설명을 해 주지 않는 것은 환자의 알 권리를 ( )하는 행동이라고 할 수 있다.

2. 다음은 무슨 단어와 관계가 있습니까? [보기]에서 고르십시오.

[보기] 인권 소유권 저작권 초상권 명예 훼손

❶ "제 땅을 정부에서 마음대로 개발하려고 해요." (소유권)

❷ "내 만화 작품의 내용을 가지고 허락 없이 영화로 만들었어요." ( )

❸ "한 신문사가 유명 배우의 사진을 허락 없이 신문에 실었어요." ( )

❹ "제가 회사 돈을 마음대로 썼다고 제 직장 동료가 거짓말을 퍼뜨렸어요." ( )

❺ "저는 시각 장애인인데 장애인이라는 이유로 여러 회사에서 취직을 안 시켜 줘요." ( )

문법

-으로 인해

3. 다음 표를 보고 문장을 완성하십시오.

원인	결과
교통사고	10명 사망
짙은 안개	비행기 추락
테러 발생	관광객 감소
폭우	건물 붕괴
저작권 침해	피해 사례 많아짐
정신적 스트레스	우울증 환자 많아짐

❶ 교통사고로 ~~으로/로~~ 인해 많은 사람이 죽었어요.

❷ .... 으로/로 인해 비행기가 추락했어요.

❸ .... 으로/로 인해 ....

❹ .... 으로/로 인해 ....

❺ .... 으로/로 인해 ....

❻ .... 으로/로 인해 ....

4. '-으로 인해'를 사용해 다음 대화를 완성하십시오.

❶ 가 : 요즘 아파트가 많이 개발되고 있지요?
나 : 네, 그런데 지나친 개발로 ~~으로/로~~ 인해 환경이 오염되고 있어요.

❷ 가 : 폐암에 걸린 사람이 많아졌다면서요?
나 : 네, ... 으로/로 인해 폐암에 걸린 사람이 많아졌어요.

❸ 가 : 대중교통을 이용하는 사람이 많아졌다던데요.
나 : 네, ... 으로/로 인해 ....

❹ 가 : 요즘 유명 대학교를 졸업하고도 취직을 못하는 학생들이 많다지요?
나 : 네, ... 으로/로 인해 ....

❺ 가 : 상담실에는 어떤 사람들이 많이 찾아오나요?
나 : ....

❻ 가 : 요즘 외국 관광객들이 많이 늘었다지요? 환율이 올랐나요?
나 : ....

-에 달려 있다

5. 다음 대화를 읽고 문장을 완성하십시오.

❶ 가 : 본인의 의지가 없으면 건강을 회복하기 어려워요.

나 : 맞아요. 약을 먹고 병원에 다닌다고 해서 다 회복하는 건 아닌 것 같아요.

→ 건강을 회복할 수 있냐 없냐는 .... 본인의 의지에 .... ~~에/에게~~ 달려 있어요.

❷ 가 : 선수들이 잘 하는 것보다는 감독이 지도를 잘 해야 시합에서 이기는 것 같아요.

나 : 맞아요. 선수가 아무리 잘 해도 감독이 작전을 잘 못 세우면 지는 경우가 많아요.

→ 시합 결과는 .... 에/에게 달려 있어요.

❸ 가 : 기업이 발전하려면 기술 개발도 해야겠지만 인재 관리가 더 중요한 것 같아요.

나 : 그래요, 기업에서 필요한 인재들을 확보하는게 제일 중요하지요.

→ 기업의 발전은 .... 에/에게 달려 있어요.

❹ 가 : 부모의 재력으로 출세하는 것을 보면 세상은 공평한 것 같지 않아요.

나 : 부모가 아무리 재력이 있다고 해도 본인이 노력을 안 하고서는 출세하기 어렵지요.

→ 출세하냐 못하냐는 .... 에/에게 달려 있어요.

❺ 가 : 적성에 맞는 직업을 선택한 사람들이 직장 생활을 즐겁게 하는 것 같아요.

나 : 맞아요, 직업을 선택할 때는 적성이 맞는지 안 맞는지를 잘 생각해 봐야겠어요.

→ .... 에/에게 달려 있어요.

❻ 가 : 어떻게 하면 재산을 늘릴 수 있을까요?

나 : 절약을 해야 한다고 봐요. 부자들 중에 절약하는 사람이 많거든요.

→ .... 에/에게 달려 있어요.

2. 다음의 내용을 좌우하는 것은 무엇입니까? '-에 달려 있다'를 사용해 문장을 완성하십시오.

❶ 경제 회복

→ 경제 회복은 .... 정부와 국민의 노력에 .... ~~에/에게~~ 달려 있어요.

❷ 한국의 미래

→ 한국의 미래는 .... 에/에게 달려 있어요.

❸ 행복

→ .... 에/에게 달려 있어요.

❹ 승진

→ .... 에/에게 달려 있어요.

❺ 입사 시험 합격

→ ....

❻ 제품 판매

→ ....

5과 4항

어휘

1. 다음 [보기]에서 알맞은 말을 골라 빈 칸에 쓰십시오.

[보기]	정장	관찰력	변화	신기하다	사고방식	보수적

❶ 날마다 같은 사람을 만나고 같은 일을 하며 (변화)이/가 없는 삶을 살고 있다.

❷ 로봇이 사람 대신 집안일을 하다니 참 ( )군요.

❸ 외국에서 생활하다 보면 ( )과/와 문화의 차이로 가끔 오해를 사기도 한다.

❹ 다른 사람들은 그 식당의 커튼이 바뀐 것을 몰랐는데 영수 씨만 아는 걸 보니 영수 씨는 역시 ( )이/가 좋은 것 같다.

❺ 이번 모임에 청바지 차림으로 오면 안 됩니다. 반드시 ( )을/를 하고 오셔야 합니다.

❻ 우리 아버지는 여자가 짧은 치마를 입고 다녀서도 안 되고 담배를 피워서도 안 된다고 생각하시는 매우 ( )인 분이시다.

2. 다음 사람들은 어떤 특성을 가졌습니까? [보기]에서 알맞은 말을 골라 빈 칸에 쓰십시오.

[보기]	개방적	개성적	독립적	의존적	진보적	폐쇄적

❶ "왜 다른 사람들의 도움을 바라죠? 혼자서도 할 수 있는 일인데……." (독립적)

❷ "저는 현재 상태에 만족할 수 없어요. 항상 더 나은 변화를 생각하고 다른 사람보다 생각이 앞서 있죠." ( )

❸ "저는 새로운 것을 받아들이는 게 두려워요. 알고 싶지도 않아요." ( )

❹ "혼전 동거가 뭐 나쁜가요? 그리고 동성연애도 괜찮다고 봐요." ( )

❺ "저는 제 판단이나 행동이 옳은 것인지 잘 모르겠어요. 그래서 다른 사람이 도와 줬으면 좋겠어요." ( )

❻ "저는 보통 사람들과 좀 다른 생각과 행동을 하는 편이에요. 저만의 시각으로 모든 것을 바라보죠." ( )

문법

-더니2

3. 관계있는 문장을 연결해서 한 문장으로 만드십시오.

❶ 지난번에는 거절을 했습니다. •	• 직장에 들어간 후로는 절약하면서 살아요.
❷ 전에는 자주 덜렁거렸습니다. •	• 요즘은 실수를 거의 안 해요.
❸ 대학생 때는 낭비를 많이 했습니다. •	• 작년부터 사 먹어요.
❹ 전에는 낯을 많이 가렸습니다. •	• 요즘은 건강해졌어요.
❺ 어릴 때는 감기에 잘 걸렸습니다. •	• 지금은 모르는 사람한테 말도 잘 걸어요.
❻ 전에는 김치를 담가 먹었습니다. •	• 어제는 부탁하니까 들어줬어요.

❶ 지난번에는 거절을 하 더니 어제는 부탁하니까 들어줬어요.

❷ .... 더니 ....

❸ .... 더니 ....

❹ .... 더니 ....

❺ .... 더니 ....

❻ .... 더니 ....

4. '-더니'를 사용해 대화를 완성하십시오.

❶ 가 : 날씨가 많이 쌀쌀해졌지요?
나 : 네, 지난주만 해도 덥 더니 이번 주는 기온이 많이 내려갔네요.

❷ 가 : 영수 씨는 운전 실력이 많이 늘었나요?
나 : 네, ... 더니 지금은 아주 능숙해요.

❸ 가 : 미선 씨가 유학 간 후로 많이 달라졌나요?
나 : 네, 고향에 있을 때는 .... 더니 ....

❹ 가 : 요즘 편식을 하는 아이들이 많던데 따님은 어때요?
나 : .... 더니 ....

❺ 가 : 지금 교통 상황이 여전히 안 좋은가요?
나 : 아니요, ...

❻ 가 : 요즘 우리 회사 제품이 얼마나 팔리고 있나요?
나 : ....

–는 법이다

5. 다음을 같은 뜻이 되도록 만드십시오.

❶ 열심히 노력한다. 그러면 대부분의 사람들이 당연히 출세한다고 생각한다.

→ 열심히 노력하면 ~~으면/면~~ 출세하 는 법이다.

❷ 죄를 짓는다. 그러면 대부분의 사람들이 당연히 벌을 받는다고 생각한다.

→ 죄를 지으면 ______________________ 는 법이다.

❸ 착한 일을 많이 한다. 그러면 대부분의 사람들이 당연히 좋은 일이 많이 생긴다고 생각한다.

→ ______________ 으면/면 ______________ 는 법이다.

❹ 다른 사람에게 잘못을 한다. 그러면 대부분의 사람들이 당연히 사과를 해야 한다고 생각한다.

→ ______________ 으면/면 ______________ 는 법이다.

❺ 같은 음식을 날마다 먹는다. 그러면 대부분의 사람들이 당연히 싫증이 난다고 생각한다.

→ ______________ 으면/면 ______________ 는 법이다.

❻ 도움을 받는다. 그러면 대부분의 사람들이 그것에 대한 보답을 해야 한다고 생각한다.

→ ______________ 으면/면 ______________ 는 법이다.

6. '-는 법이다'를 사용해 문장을 완성하십시오.

❶ 가 : 저는 축구 선수인데 왜 이렇게 축구 실력이 좋아지지 않는 것일까요?

나 : 연습을 많이 하면 ~~으면/면~~ 실력이 좋아지 는 법이에요. 그러니까 연습을 많이 하세요.

❷ 가 : 저는 식사할 때마다 왜 이렇게 자주 체하죠?

나 : 급히 먹으면 .... 는 법이에요. 그러니까 밥을 천천히 먹는 습관을 들이세요.

❸ 가 : 저는 왜 이렇게 친구가 없죠? 고민이 있어도 얘기할 상대가 없어요.

나 : .... 으면/면 .... 는 법이에요. 그러니까 친구들의 얘기를 잘 들어주세요.

❹ 가 : 저는 일할 때 실수를 많이 하는 편이에요. 어떻게 하면 실수를 줄일 수 있을까요?

나 : .... 으면/면 .... 는 법이에요. 그러니까 일을 꼼꼼하게 잘 살펴 보세요.

❺ 가 : 감기약을 먹어도 낫지 않네요. 왜 그런 거죠?

나 : .... 그러니까 약을 시간 맞춰서 열심히 드세요.

❻ 가 : 어떤 직장을 선택해야 할지 모르겠어요. 어떤 직장에 들어가야 즐겁게 생활할 수 있을까요?

나 : .... 그러니까 자신의 능력을 충분히 발휘할 수 있는 직업을 찾아보세요.

5과 5항

듣기 연습

CD : 05

※ 다음을 듣고 질문에 답하십시오.

1. 우리가 다른 사람의 창작물을 쉽게 얻을 수 있는 이유는 무엇입니까?

2. 일반인들이 저작권을 침해하는 사례로 말한 것을 2가지 쓰십시오.

❶ ....

❷ ....

3. 들은 내용과 같으면 O표, 다르면 X표 하십시오.

❶ 양심대로 행동하면 정직한 사회를 만들 수 있다. (　　)

❷ 저작권 침해는 다른 사람의 것을 훔치는 것이나 마찬가지이다. (　　)

❸ 저작권을 침해하는 것보다 침해당하지 않는 것이 더 중요하다. (　　)

❹ 창작한 사람의 노력과 기술을 소중히 여기고 보호하려면 저작권법으로 감시해야 한다. (　　)

읽기 연습

※ 다음을 읽고 질문에 답하십시오.

한국 리서치는 성인들을 대상으로 국민들의 결혼관을 알아보기 위한 조사를 하였다. 질문 내용은 결혼은 반드시 해야 되는 것인지, 결혼 적령기는 언제로 생각하는지와 혼전 동거, 이혼에 대한 것이었는데 그 결과는 다음과 같다.

'반드시 결혼해야 한다고 생각하는지, 아니면 반드시 결혼할 필요는 없다고 생각하는지'에 대한 설문 조사 결과에 의하면, 절반이 넘는 53.7%가 반드시 결혼할 필요는 없다고 응답하였다.

이는 재작년 같은 시기에 조사한 결과보다 16.5% 높아진 수치로, 갈수록 결혼 필요성에 대한 인식이 약해지고 있는 것으로 보인다. 특히, 남자(42.2%)보다 여자(65.3%)가 높았으며, 연령별로는 30대(65.1%)와 40대(61.5%)에서 높게 나타났다.

남녀의 결혼적령기에 대한 조사 결과, 남자의 결혼적령기는 평균 30.1세, 여자는 27.5세로 나타났다. 이는 2년 전과 비교하여 각각 0.3세, 0.5세 소폭 상승한 수치였다. 여자가 남자보다 결혼적령기를 다소 높게 보는 경향이 있었고 50대 이상 고령층은 결혼적령기를 상대적으로 낮게 응답하였다.

'혼전 동거'에 대한 생각을 조사한 결과, 괜찮다는 의견(49.8%)과 동거는 절대 안 된다는 의견(49.5%)이 팽팽하게 맞섰다. 응답자의 특성으로 볼 때 남자와 연령이 높은 응답자일수록 괜찮다고 생각하는 비율이 높았으며, 교육수준에 따라서도 차이가 있는 것으로 나타났다.

'이혼'에 대한 생각을 조사한 결과, 응답자 10명 중 6명 이상이 이혼할 수도 있다고 응답(62.4%)하여 절대로 이혼은 안 된다는 응답(37.6%)보다 훨씬 많았다. 특히 20대의 이혼은 안 된다는 응답 비율은 50대의 절반 수준에 그쳐 세대 간에 큰 차이가 있는 것으로 나타났으며, 미래의 한국인들은 ㉠ ______인 면이 약해질 것이라는 점을 예상하게 한다.

1. 위 글은 무엇에 대한 글입니까? (   )

❶ 성인들을 대상으로 한 이성관 설문 조사 결과
❷ 성인들을 대상으로 한 교육관 설문 조사 결과
❸ 성인들을 대상으로 한 가정관 설문 조사 결과
❹ 성인들을 대상으로 한 결혼관 설문 조사 결과

2. ㉠ ______에 들어갈 단어로 알맞은 것은 무엇입니까? (   )

❶ 보수적 ❷ 개방적 ❸ 진보적 ❹ 개성적

3. 위 글의 내용과 맞지 않는 것은 무엇입니까? (　　)

❶ 남자보다 여자가 결혼의 필요성을 느끼지 않는다.
❷ 고학력일수록 혼전 동거에 대해 긍정적으로 대답했다.
❸ 신세대들의 경우 이혼은 안 된다고 생각하는 비율이 낮았다.
❹ 사람들이 생각하는 결혼적령기가 2년 전에 비해 높아졌다.

말하기 • 쓰기 연습

1. 배운 문법을 사용해 친구에게 질문하고 대답하십시오.

질문	친구1	친구2
❶ 요즘 시대가 어떻게 변했습니까? (–만 해도, –에 의하면)		
❷ 현대 사회에 제일 많이 요구되는 것은 무엇입니까? (–고서는, –다가는)		
❸ 환경 문제에 대해서 어떻게 생각하십니까? (–로 인해, –에 달려 있다)		
❹ 주위에 달라진 친구가 있습니까? 어떻게 달라졌습니까? (–더니, –는 법이다)		

2. 다음 글을 읽고 미래 사회에 어떤 물건이 발명되었으면 좋겠는지 쓰십시오. 그리고 친구와 이야기해 보십시오.

> 오늘 아침에 일어나 보니까 어제 예약한 대로 밥이며 반찬이며 국이며 모든 요리가 준비되어 있었다. 요리 기계가 해 준 아침을 먹고 컴퓨터로 오늘 입을 옷과 가방, 신발을 선택하니까 컴퓨터 화면에는 다 차려 입은 모습이 나타났다. 출근 준비를 끝내고 집을 나섰다. 회사 주소를 입력하자 무인 자동 운전 시스템을 갖춘 차가 움직이기 시작했다. 회사에 도착해서 컴퓨터를 켜자 오늘의 스케줄이 화면에 바로 나타났다…

복습문제 (1과-5과)

I. 다음 [보기]에서 알맞은 단어를 골라 빈 칸에 쓰십시오.

[보기]					
적응	영향	피해	용기	우연히	분명히
달리	나날이	미혼	악용	의존적	개방적

1. 어제 명동에서 ________ 고등학교 동창을 만났어요.
2. 지나친 흡연은 본인뿐 아니라 주위 사람에게도 ________을/를 주게 된다.
3. 결혼과 육아 등의 문제로 결혼을 망설이는 ________ 여성들이 많아졌어요.
4. ________ 심각해지고 있는 지구 환경 문제에 대해서 우리 모두 적극적으로 관심을 가져야 합니다.
5. 내 생각에는 ________ 영수가 한 것 같은데 증거를 찾을 수가 없다.
6. 그렇게 ________으로/로 살아서야 어디 독립할 수 있겠어요?
7. 비가 쏟아지던 어제와는 ________ 오늘은 날씨가 화창하다.
8. 한국에 온 지 얼마 안 돼서 한국 생활에 ________이/가 아직 안 됐어요.
9. 인터넷에서 개인 정보가 유출되어 범죄에 ________되는 사례가 늘고 있다.
10. 미선 씨에게 좋아한다고 고백하고 싶지만 ________이/가 안 나요.

II. 다음 [보기]에서 알맞은 단어를 골라 빈 칸에 쓰십시오.

[보기]				
개발하다	방해가 되다	벅차다	격려하다	따지다
살펴 보다	색다르다	재촉하다	설치하다	변명하다
합의하다	권하다	무시하다	활달하다	선호하다

1. 전통 가옥에서의 1박 2일 문화 체험은 유학생들에게 ________는/은/ㄴ 경험이 될 것이다.
2. 새로 산 에어컨을 어디에 ________지?
3. 일이 이렇게 된 게 누구 잘못인지 ________어/아/여 봅시다.
4. 경제가 어려워져서 그런지 요즘 젊은이들이 맞벌이를 ________는/은/ㄴ 것 같다.
5. 학교 옆에서 공사를 해서 수업에 ________어요/아요/여요.
6. 친구가 자꾸 이 옷을 사라고 ________어서/아서/여서 샀는데 괜히 산 것 같아요.

7. 요즘 우리 회사는 신제품을 ______________기 위해서 밤낮없이 일을 하고 있어요.

8. 선생님께서 잘 하라고 ______________어/아/여 주셔서 힘이 나요.

9. 식품뿐만이 아니라 약이나 화장품을 살 때도 유통기한을 잘 ______________어야/아야/여야 해요.

10. 우리들이 제시한 조건이 다 받아들여지지 않았지만 어쩔 수 없이 ______________어/아/야 했다.

Ⅲ. 가장 적당한 설명을 고르십시오.

1. 귀를 기울이다 (　　　　)

❶ 잘 듣다　　❷ 잘못 듣다
❸ 잘 들리다　　❹ 노력하다

2. 내 것이나 다름없다 (　　　　)

❶ 내 것과 다르다　　❷ 내 것이나 마찬가지이다
❸ 내 것이 아닐 수 없다　　❹ 내 것이라고 말하면 안 된다

3. 적극적으로 (　　　　)

❶ 수동적으로　　❷ 능동적으로
❸ 부정적으로　　❹ 긍정적으로

4. 그만이다 (　　　　)

❶ 끝이다　　❷ 그만두다
❸ 아주 좋다　　❹ 그것만큼 되다

5. 본의 아니게 (　　　　)

❶ 가짜로　　❷ 진심이 아니지만
❸ 거짓말로　　❹ 그러려고 한 것은 아니지만

Ⅳ. 관계 없는 것을 고르십시오.

1. (　　　)

❶ 도심　　❷ 주택가　　❸ 도시 근교　　❹ 편의 시설

2. (　　　)

❶ 습하다　　❷ 빈곤하다　　❸ 쌀쌀하다　　❹ 화창하다

3. (　　　)

❶ 월세　　❷ 계약서　　❸ 배송　　❹ 보증금

4. (　　　)

❶ 짭짤하다　　❷ 명랑하다　　❸ 담백하다　　❹ 비리다

5. (　　　)

❶ 효율적　　❷ 의존적　　❸ 보수적　　❹ 진보적

Ⅴ. 밑줄 친 단어의 쓰임이 맞지 않는 것을 고르십시오.

1. (　　　)

❶ 영희 씨는 남들이 부러워할 만한 미모를 **타고났어요.**
❷ 미선 씨는 사람들이 감탄할 정도로 말재주를 **타고났다.**
❸ 정희 씨는 많은 돈을 **타고나서** 돈 걱정을 안 해도 된다.
❹ 영수 씨는 주위 사람들이 항상 먹을 것을 챙겨 주니 먹을 복을 **타고났어요.**

2. (　　　)

❶ 공사를 제대로 하지 않아서 건물이 **쓰러졌어요.**
❷ 폭우로 인해 집 옆에 서 있던 나무가 **쓰러졌다.**
❸ 우리 할아버지께서 얼마 전에 병으로 **쓰러지셨어요.**
❹ 김 선생님은 며칠 밤을 새더니 결국 과로로 **쓰러졌어요.**

3. (　　　)

❶ 우리 아이가 음식을 **가려** 먹어서 걱정이에요.
❷ 생선 가게에서 싱싱한 생선을 **가려서** 식탁 위에 올렸다.
❸ 대회에 출품된 두 작품이 다 훌륭해서 1위와 2위를 **가리기가** 힘들다.
❹ 미선 씨가 처음 만나는 사람하고 얘기를 잘 안 하던데 낯을 **가리는** 성격인가 봐요.

4. (　　　)

❶ 혼자서 20인분의 음식을 준비하기가 너무 **벅차요.**

❷ 나에게는 운동장 다섯 바퀴를 도는 것도 너무 **벅찼다.**

❸ 김과장이 혼자서 이 일을 처리하기에는 좀 **벅차지** 않을까요?

❹ 체력이 **벅차서** 더 이상 산에 올라가지 못할 것 같았다.

5. (　　　)

❶ 새로 지어진 건물은 모든 시설을 **갖추고** 있어요.

❷ 미모와 학식을 모두 **갖춘** 경우는 드물다.

❸ 회의에 휴대전화를 **갖추고** 들어가면 안 되나요?

❹ 계획에 차질이 없도록 모든 준비를 **갖춰** 놓고 기다리고 있습니다.

Ⅵ. 밑줄 친 문법의 쓰임이 맞지 않는 것을 고르십시오.

1. (　　　)

❶ 교실에 **가더니** 아무도 없었어요.

❷ 외국 생활을 오래 **하더니** 많이 변했어요.

❸ 철수 씨가 전에는 농담을 잘 **하더니** 요즘은 말수가 줄었어요.

❹ 연구원들이 몇 년 동안 열심히 **연구하더니** 치료제 개발에 성공했다.

2. (　　　)

❶ 날마다 같은 일을 **하다가 보면** 싫증이 날 수 있습니다.

❷ 요즘 밤에 너무 더워서 잠을 **설치고 보니** 하루가 너무 피곤해요.

❸ 함부로 다른 사람의 사진을 갖다가 **쓰다가는** 초상권 침해로 고소당할 수 있어요.

❹ 한국 사람들과 어울려서 **생활하다가 보니** 한국인들이 정이 많고 친절하다는 것을 알게 됐다.

3. (　　　)

❶ 성격이 **느긋하다고 해서** 서두르는 법이 없어요.

❷ 소비가 **는다고 해도** 경제는 좋아지지 않을 것이다.

❸ 영수 씨가 영어 실력이 **좋다기에** 번역을 부탁했어요.

❹ 제주도가 외국인들이 선호하는 관광지 중의 **하나라던데** 가 보셨어요?

4. (   )

❶ **집안일이며 회사일이며** 할 일이 산더미처럼 쌓였어요.

❷ 계획을 **지킨다 지킨다 하는 것이** 날마다 못 지키고 있어요.

❸ 엄마도 고향에서 **오실 겸 비도 올 겸** 학교에 안 갈 거예요.

❹ **윗사람이건 아랫사람이건** 누구한테나 예의를 지켜야 한다.

5. (   )

❶ **김지현 선수에 비하면** 저는 훈련을 적게 받는 편이에요.

❷ **신문에 의하면** 농촌 인구가 심각하게 줄고 있어서 문제라고 해요.

❸ 아이들이 다치는 사고는 어른들의 **부주의로 인해** 일어나는 것이 대부분이다.

❹ 도시 전체에 감시 카메라를 설치할 계획인지 **우리 동네만 해도** 최근 감시 카메라가 많이 설치됐어요.

Ⅶ. 다음 대화를 완성하십시오.

1. 가 : 맞벌이를 하면 그렇지 않은 가정보다 돈을 많이 저축할 수 있겠지?
나 : ....는다고/ㄴ다고/다고 해서 ....

2. 가 : 일을 제대로 처리하지 못해서 죄송합니다.
나 : 괜찮아요, ...다가 보면 ....

3. 가 : 왜 음악 동아리에 가입했어요?
나 : ....을/ㄹ 겸 ....을/ㄹ 겸 ....

4. 가 : 새로 옮긴 회사는 어때요?
나 : ....에 비하면 ....

5. 가 : 이 책을 중학교 1학년 영어 교과서로 사용하면 어떨까요?
나 : 글쎄요, ...기에는 ....

6. 가 : 아파트 주민들의 노력이 없으면 주거 환경이 좋아질 수 없지요.
나 : 맞아요, ...은/는 ....에/에게 달려 있다고 봐요.

7. 가 : 저는 아이들이 말을 듣지 않을 때는 체벌을 해도 된다고 생각합니다.
나 : .... 는다고/ㄴ다고/다고 해도 ....

8. 가 : 이번 모임에 참석하지 않는 사람도 돈을 내야 합니까?
나 : 네, ... 건 .... 건 돈은 모두 내야 합니다.

9. 가 : 여러 가지 일로 바쁘실 텐데 이렇게 와 주셔서 정말 감사합니다.
나 : 뭘요, ... 는걸요/은걸요/ㄴ걸요.

10. 가 : 아직도 이 소포를 그대로 가지고 계세요?
나 : .... 는다/ㄴ다 .... 는다/ㄴ다 하는 것이 ....
....

11. 가 : 1박 2일로 경주에 가려고 하는데 어디에서 묵으면 좋을까요?
나 : .... 는다고들/ㄴ다고들/다고들 해요.

12. 가 : 한국말로 이야기하는 게 자신이 없어서 친구들과 있을 때는 영어를 써요.
나 : .... 다가는 ....

13. 가 : 어제 지갑을 잃어버렸다면서요? 중요한 게 많이 들어 있었나요?
나 : .... 이며/며 .... 이며/며 중요한 게 많았어요.

14. 가 : 감기에 걸린 것 같아요. 열도 있고 자꾸 기침이 나요.
나 : .... 는다던데/ㄴ다던데/다던데 ....

15. 가 : 휴대전화를 자주 잃어버려요.
나 : .... 도록 ....

16. 가 : 좋아하지도 않는 잡지를 왜 샀어요?
나 : .... 는다기에/ㄴ다기에/다기에 ....

17. 가 : 사라 씨, 전에는 생선회를 못 드시더니 이제는 즐겨 드시네요.
나 : .... 다가 보니 ....

18. 가 : 교통사고가 아주 크게 났던데 사고가 왜 난 거예요?
나 : ________________ 으로/로 인해 ________________________________

19. 가 : 도심에서 사시다가 한적한 곳으로 이사하니까 어떠세요?
나 : ________________ 고 보니 ________________________________

20. 가 : 고향 친구와 연락을 자주 안 해서 사이가 멀어진 느낌이에요.
나 : ____________________ 으면/면 ____________________ 는/은/ㄴ 법이에요.

Ⅷ. 다음 [보기]에서 알맞은 문형을 골라서 한 문장으로 만드십시오.

[보기]	-기는 한데	-도록	-어 가면서
	-어야지 그렇지 않으면	-었더니	

1. 물건 값이 쌉니다. / 제품의 질이 좀 떨어집니다.
→ ________________________________

2. 친할수록 예의를 지켜야 합니다. / 관계가 나빠집니다.
→ ________________________________

3. 갑작스런 일이 생길 수 있으니까 계획을 세웁니다. / 일을 하세요.
→ ________________________________

4. 사원들이 편히 휴식을 취할 수 있습니다. / 휴게실을 마련해 줬어요.
→ ________________________________

5. 친구에게 오랜만에 전화를 했습니다. / 친구가 내 목소리를 알아듣지 못했어요.
→ ________________________________

Ⅸ. 다음 상황에 맞게 대화를 완성하십시오.

> 영수 씨는 지난 방학에 혼자 등산을 하다가 길을 잃었다. 지도는 있었지만 나침반이 없어서 아무 소용이 없었다. 깊은 산속에 혼자 남아 있다는 생각에 굉장히 무서웠다. 그런데 마침 지나가던 등산객이 다가와서 길을 알려 주었다. 그 사람 덕분에 집에 무사히 돌아올 수 있었다.

민호 : 지난 방학 때 등산을 하다가 길을 잃으셨다면서요? 지도가 없었어요?

영수 : ❶ .... 으면/면 뭘 해요? ....

❷ .... 고서는 ....

민호 : 혼자 깊은 산 속에 남아 있는 기분이 어떠셨어요?

영수 : ❸ 여간 .... 는/은/ㄴ 것이 아니었어요.

민호 : 그런데 어떻게 길을 찾으셨어요?

영수 : 마침 지나가는 사람이 길을 알려줬어요. ❹ .... 었더라면/았더라면/였더라면 ❺ .... 을/ㄹ 뻔 했어요.

> 광고 회사에 다니는 철수 씨는 회사에 다닐 맛이 나지 않는다. 철수 씨가 의견을 제시할 때마다 부장님과 동료들은 철수 씨의 의견을 받아들이려고 하지 않기 때문이다. 철수 씨는 사람들이 자기를 무시하는 게 아닐까 하는 생각이 든다. 그렇다고 해서 회사를 그만둘 수는 없다. 왜냐하면 요즘 경제 사정이 안 좋아서 취직하기가 어렵기 때문이다. 처음에 다른 회사를 선택했다면 회사 생활을 즐겁게 했을 것 같아서 후회된다.

철수 : ❻ .... 는지/은지/ㄴ지 ❼ .... 었다/았다/였다 하면 ....

영준 : ❽ .... 어서야/아서야/여서야 어디 .... 겠어? 직장을 옮겨 보는 게 어때?

철수 : ❾ .... 어서/아서/여서 .... 을/ㄹ 수가 있어야지.

영준 : 그러게 내가 처음에 다른 회사를 알아보라고 했잖아. ❿ .... 었으면/았으면/였으면 .... 고 얼마나 좋았겠어?

부록

-듣기 지문
-모범 답안

듣기 지문

1과 5항 CD: 01

유학 생활을 시작한 지 벌써 1년이 지났다. 아직 낯선 것이 많지만 이 곳 한국 생활에 점점 적응이 돼 가고 있다. 내 친구가 한국 사람이나 다름없다고 말한 적도 있다. 처음에 왔을 때는 누가 길이라도 물어볼까 봐 겁도 났지만 이제는 자유롭게 내 뜻을 표현할 수 있을 정도로 한국어 실력이 는 것 같다. 그리고 학교도 잘 선택한 것 같다. 학교 시설이나 쾌적한 환경 등 모든 것이 만족스럽다. 유학을 선택한 것에 대해 후회는 없지만 이런 저런 생각이 들기도 한다. 내가 유학을 안 왔더라면 어떻게 됐을까? 유학 생활이 내 인생에 어떤 영향을 끼칠까? 과연 내 인생에 도움이 되는 것일까?

가끔 부모님의 전화를 받으면 나한테 기대를 많이 하고 계신 것 같아서 좀 부담스럽다. 그리고 빨리 학위를 따야겠다는 생각에 시간에 쫓겨 초조하기만 하다. 이럴수록 정신 차리고 열심히 해야 할 텐데……. 그동안 내 생활이 너무 무계획적이었던 것 같다. 계획대로 한다 한다 하는 게 제대로 지켜지지 않는다. 유학 생활을 성공적으로 끝마칠 수 있도록 앞으로 시간을 좀 더 효율적으로 쓰면서 생활해가야겠다.

2과 5항 CD: 02

『칭찬은 고래도 춤추게 한다』라는 책에서 작가는 아무리 성격이 나쁘고 이기적인 아이도 부모와 주위 사람들의 칭찬으로 성격을 고칠 수 있다고 말하고 있습니다. 실제로 성격이 부정적이고 성적이 떨어지는 아이들 200명에게 작은 일에서부터 칭찬을 하기 시작하니까 80% 이상의 아이들이 학습 능력이 높아지고 자신감이 생겼다는 연구 결과가 나왔습니다.

물론 성격은 태어날 때부터 결정되는 것이라는 주장도 있습니다. 아이가 태어날 때 이미 부모에게서 받은 DNA 중 성격을 형성하는 유전인자가 있으며 형제 사이에 성격이 다른 경우에도 부모의 서로 다른 유전인자가 영향을 끼쳤을 것이라는 주장도 있습니다.

하지만 일상생활에서 칭찬이 아이들의 성격에 영향을 미치는 것을 부정할 수는 없습니다. 부모의 칭찬을 듣지 못하고 자란 아이들은 자신감이 없고 소심하며 교우 관계에서도 소극적인 경향이 있다고 합니다. 한편 작은 일에도 칭찬을 받는 아이들은 자신감이 생기고 적극적으로 학교 일에 참여하며 친구들을 잘 사귀는 활달한 성격으로 바뀐다고 합니다.

물론 아이에게만 칭찬을 해서는 안 됩니다. 부모가 아이 앞에서 서로를 칭찬하는 모습을 보이는 것이 중요합니다. "여보, 당신이 최고야.", "당신이 만든 요리가 세상에서 제일 맛있어." 라는 칭찬을 주고받을 때 아이의 성격은 확실히 달라질 것입니다.

3과 5항 CD: 03

남자 : 아파트에 거주하는 사람들이 늘면서 주민들 간의 말다툼도 많아지고 있는데요. 그 원인은 여러 가지가 있겠지만 오늘은 아파트에서 애완동물을 키우는 문제에 대해 이야기해 보도록 하겠습니다. 먼저 연세 아파트 부녀회장님을 모시고 이야기를 들어보겠습니다. 요즘 애완동물을 키우는 주민들에 대한 불평이 많다면서요?

여자 : 네, 아파트는 애완동물을 키우기에는 안 좋지요. 공공 주택이니까 많은 주민들이 반대하는 것 같아요.

남자 : 반대하는 이유가 무엇입니까?

여자 : 개가 짖는 소리가 시끄러울 뿐만 아니라 냄새도 많이 나다 보니 쾌적한 주거 환경이 만들어질 수가 없잖아요. 게다가 개한테 물리는 일도 적지 않고요. 그리고 놀이터에 건강에 해를 입힐 수 있는 개 회충알도 있다고 하잖아요.

남자 : 개를 키우는 사람들 중에는 주민들에게 피해를 끼치지 않도록 노력하는 사람들도 많지 않습니까?

여자 : 모든 사람들이 그렇게 조심하면 불평하는 사람도 없고 얼마나 좋겠어요? 개를 데리고 산책할 때 비닐 봉투도 안 가지고 나오는 사람도 얼마나 많은데요.

남자 : 부녀회에서 그 문제를 해결하기 위해 정하신 것은 없습니까?

여자 : 부녀회에서 정하면 뭐해요? 무시하기만 하는데요. 법 규정을 만들어 벌금을 내게 하든지 해야지 그렇지 않으면 주민들이 계속 피해를 볼 거예요.

4과 5항 CD: 04

주 5일 근무제를 시행하는 회사가 많아지면서 색다른 테마 관광을 즐기려는 가족 단위의 관광객이 늘어나고 있습니다. 경주시는 이를 위해 새로운 관광 코스인 '자전거 문화 유적 체험 투어'를 개발하고 관광객을 모집하고 있습니다. 경주시가 새로 개발한 '자전거 문화 유적 체험 투어' 프로그램은 3월부터 11월까지 실시되며 1박 2일 코스입니다. 첫째 날은 자전거로 시내 유적지와 박물관을 둘러보고, 둘째 날은 불국사, 경주 세계 문화 엑스포를 구경한 후 신라 문화 체험 프로그램에 참가하는 순서로 진행됩니다. 참가비는 1인 기준 3만원으로 자전거 대여료, 음료, 식비, 입장료, 기념품이 포함됩니다. 또한 경주 역사와 문화에 대한 이해를 돕기 위해 문화 유산 해설가가 유적에 대해 자세히 설명을 해 준다고 합니다. 경주시는 '자전거 문화 유적 체험 투어'를 통해 경주에 대한 이미지를 새롭게 하고 관광객들에게 특별한 추억을 제공하기 위하여 이 프로그램을 개발했다고 합니다.

5과 5항 CD: 05

최근 영화, 문학, 미술, 음악, 무용 등 여러 분야에서 창작 활동이 활발히 이루어지고 있습니다. 그런데 인터넷, 대중 매체 등의 발달로 인해 다른 사람의 작품을 손쉽게 보고 들을 수 있게 되면서 저작권 문제가 더 심각해졌습니다. 방송계에서는 아주 오래 전부터 가수가 신곡을 발표할 때 다른 노래의 일부분을 똑같이 쓰거나 외국 텔레비전 프로그램의 내용을 그대로 사용하는 경우에 저작권 침해 문제가 제기되었습니다. 요즘은 일반인들도 조심해야 할 것이 많습니다. 인터넷에 실려 있는 다른 사람의 글, 그림, 사진, 음악 등을 마음대로 갖다 쓰거나, 컴퓨터 프로그램을 개인 CD로 구워서 나눠 주다가는 저작권법에 걸립니다. 저작권 침해는 다른 사람의 것을 훔치는 것이나 다름없습니다. 저작권법으로 감시하지 않고서는 창작한 사람의 노력과 기술을 소중히 여기고 보호할 수 없게 됩니다. 다른 사람의 권리를 지켜 줘야 우리의 권리도 지켜지는 법입니다. 우리 모두 저작권을 침해하지 않도록, 그리고 침해당하지 않도록 해야 할 것입니다. 정직한 사회를 만드는 것은 우리의 양심에 달려 있습니다.

모범 답안

제1과 나의 생활

1과 1항

1. ❷ 옮겼어 ❸ 겁이 났는데 ❹ 적응이 돼서 ❺ 다행이
2. ❷ 도시 근교로 ❸ 도심 ❹ 쾌적한 ❺ 편의 시설이
3.

❶ 재미있게 이야기 합니다. •	• 김치가 없으면 밥을 못 먹겠어요.
❷ 한국에서 오래 삽니다. •	• 가끔 오해를 살 때도 있어요.
❸ 주말마다 술을 마십니다. •	• 건강이 많이 나빠졌어요.
❹ 회사에서 서툰 한국말로 의사소통을 합니다. •	• 시간이 많이 지난 줄도 몰랐군요.
❺ 성실하게 맡은 일을 열심히 합니다. •	• 동료들이 제 능력을 알아주던데요.
❻ 밥을 하기가 귀찮아서 인스턴트 식품을 즐겨 먹습니다. •	• 주량이 늘었어요.

   ❷ 한국에서 오래 살, 김치가 없으면 밥을 못 먹겠어요. ❸ 주말마다 술을 마시, 주량이 늘었어요. ❹ 회사에서 서툰 한국말로 의사소통을 하, 가끔 오해를 살 때도 있어요. ❺ 성실하게 맡은 일을 열심히 하, 동료들이 제 능력을 알아주던데요. ❻ 밥을 하기가 귀찮아서 인스턴트 식품을 즐겨 먹, 건강이 많이 나빠졌어요.
4. ❷ 요리를 자주 하 ❸ 계속 살, 여기가 좋아졌어요. ❹ 자주 만나, 정이 들었어요. ❺ 뉴스를 많이 듣다가 보니 듣기 실력이 좋아졌어요. ❻ 해외여행을 많이 하다가 보니 여러 나라 문화를 알게 됐어요.
5. ❷ 영상이 아름답긴 한데 배우들이 연기를 잘 못한다. ❸ 바쁘긴 한데 즐겁다. ❹ 자유롭긴 한데 외롭다. ❺ 편리하긴 한데 숙박비가 비싸다. ❻ 전망이 안 좋긴 한데 시설이 좋다.
6. ❷ 전망이 좋긴 한데 ❸ 싱싱하긴 한데 너무 비싸요. ❹ 디자인이 좋긴 한데 기능이 별로 많지 않아요. ❺ 튼튼해 보이긴 하는데 편안해 보이지 않아요. ❻ 잘 맞긴 하는데 색깔이 마음에 안 들어요.

1과 2항

1. ❷ 부러웠다 ❸ 영향을 ❹ 인생 ❺ 궁금해요
2. ❷ 부담스럽 ❸ 뿌듯하시겠어요 ❹ 초조했는지 ❺ 짜증스럽다는 ❻ 당황스러울
3. ❷ 돈을 아껴 썼더라면 ❸ 과속을 안 했더라면 교통사고가 안 났을 거예요. ❹ 늦게 일어나지 않았더라면 수업 시간에 지각을 안 했을 거예요. ❺ 공부를 열심히 했더라면 시험을 잘 봤을 거예요. ❻ 과음을 자주 하지 않았더라면 병이 안 났을 거예요.
4. ❷ 입학하자마자 동아리에 가입했더라면 ❸ 같이 갔더라면 재미있었을 거예요. ❹ 예매했더라면 영화를 볼 수 있었을 거예요. ❺ 푹 쉬었더라면 벌써 다 나았을 거예요. ❻ 서비스 센터에 맡겼더라면 금방 고칠 수 있었을 거예요.
5. ❷ 포도 주스나 ❸ 여관이나 ❹ 새 것이나 ❺ 가수나 ❻ 어머니가 만든 것이나
6. ❷ 제임스 씨 집이나 ❸ 거절한 것이나 ❹ 도박이나 ❺ 주인공이 광고를 한 것이나 다름없어. ❻ 미선 씨가 숙제를 한 것이나 다름없군요.

1과 3항

1. ❷ 쌓여 ❸ 정신을 차릴 ❹ 살펴 보는
2. ❷ 포기하 ❸ 목표를 정했다 ❹ 시간에 쫓기는 ❺ 효율적이다
3. ❷ 부모님이 걱정을 하지 않으시 ❸ 아침에 일찍 일어나 ❹ 한국말 실력이 좋아지 ❺ 체하지 않 ❻ 시간을 낭비하지 않
4. ❷ 감기에 걸리지 않 ❸ 친구가 한국 생활에 잘 적응할 수 있 ❹ 오해하지 않 ❺ 단어를 잊어버리지 않도록 반복해서 외우세요. ❻ 필요없는 물건을 사지 않도록 미리 메모해 가지고 가세요.
5. ❷ 돈이 있다고 ❸ 서로 양보한다고 ❹ 외국어를 잘한다고 ❺ 맡은 일만 열심히 한다고 ❻ 실력이 있다고
6. ❷ 자격증을 많이 딴다고 ❸ 교통비를 아낀다고 ❹ 담배값을 올린다고, 흡연율이 낮아지는 건 아니에요. ❺ 정부가 노력한다고 해서 환경 문제가 해결되는 건 아니에요. ❻ 주식에 투자한다고 해서 누구나 돈을 벌 수 있는 건 아니에요.

1과 4항

1. ❷ 용기가 나 ❸ 양로원 ❹ 봉사활동을
2. ❷ 출세 ❸ 명예를 ❹ 체력이 ❺ 지혜를
3. ❷ 담배를 끊는다 끊는다 ❸ 운전을 배운다 배운다 ❹ 운동을 한다 한다 ❺ 인터넷 강의를 듣는다 듣는다 ❻ 집안일을 도와 드린다 드린다
4. ❷ 회원 가입을 한다 한다 ❸ 검사를 받으러 간다 간다 ❹ 알아 본다 본다 ❺ 구인 광고를 낸다 낸다 하는 게 바빠서 아직도 못 냈어요. ❻ 한국어 능력 시험을 본다 본다 하는 게 준비가 제대로 안 된 것 같아서 이번에도 안 봤어요.
5. ❷ 물을 조금씩이라도 마셔 ❸ 상대방 말도 들어 ❹ 다른 사람과 의논해 ❺ 맛을 봐 ❻ 공책에 써
6. ❷ 사람들에게 물어봐 ❸ 사전을 찾아 ❹ 사용 설명서를 봐 ❺ 취미 활동도 해 가면서 생활하세요. ❻ 고속도로 휴게소에서 쉬어 가면서 운전을 하세요.

1과 5항

듣기 연습

1. ❷ 2. ❶ O ❷ X ❸ O 3. ❶ 내가 유학을 안 왔더라면 어떻게 됐을까? ❷ 유학 생활이 내 인생에 어떤 영향을 끼칠까? ❸ 과연 내 인생에 도움이 되는 것일까?

읽기 연습

1. ❷ 2. 긍정적 3. ❹ 4. ❶ O ❷ X ❸ O

말하기 · 쓰기 연습

(생략)

의태어 연습

1. 방실방실 2. 텅 3. 반짝반짝 4. 줄줄 5. 주룩주룩 6. 활짝 7. 꽉 8. 뻘뻘 9. 꾸벅꾸벅 10. 살금살금

제2과 사람의 성격

2과 1항

1. ❷ 첫인상은 ❸ 수줍음을 타는 ❹ 적극적으로 ❺ 활달한
2. ❷ 솔직하다 ❸ 변덕스럽다 ❹ 덜렁거리다 ❺ 외향적이다 ❻ 느긋하다
3. ❶ 웨이 씨가 준비를 열심히 했습니다. • • 안 시원해요.
❷ 영수 씨가 제 친구에게 관심이 있습니다. • • 자꾸 물어봐요.
❸ 정희 씨에게 무슨 문제가 생겼습니다. • • 발표를 잘 했어요.
❹ 공연이 볼 만합니다. • • 표정이 어두워요.
❺ 에어컨이 고장났습니다. • • 용서를 빌고 있어요.
❻ 민철 씨가 잘못을 했습니다. • • 관객들의 평이 좋아요.
❷ 영수 씨가 제 친구에게 관심이 있는지 자꾸 물어봐요. ❸ 정희 씨에게 무슨 문제가 생겼는지 표정이 어두워요. ❹ 공연이 볼 만한지 관객들의 평이 좋아요. ❺ 에어컨이 고장났는지 안 시원해요. ❻ 민철 씨가 잘못을 했는지 용서를 빌고 있어요.
4. ❷ 무슨 일이 있는지 ❸ 기분이 나쁜 일이 있었는지 ❹ 음식이 맛있는지 ❺ 영화가 재미없는지 ❻ 세일을 하는지
5. ❷ 유학 생활을 하 ❸ 여행을 하, 잘못된 정보로 고생할 때가 있어요. ❹ 도시에서 살, 자연이 그리워질 때가 있어요. ❺ 사업을 하, 일이 내 뜻대로 되지 않을 때가 있어요. ❻ 직장에 다니, 동료와의 의견 충돌이 생길 때가 있어요.
6. ❷ 같이 오래 생활하 ❸ 친구들과 자주 만나, 잘 어울리게 될 거예요. ❹ 계속 수영을 하, 살이 빠질 거예요. ❺ 같이 영화도 보러 다니고 이야기를 많이 하다가 보면 빨리 친해질 거예요. ❻ 직장 생활을 하다가 보면 그럴 때가 있어요.

모범 답안

2과 2항

1. ❷ 살릴 ❸ 호기심을 ❹ 상상력이 ❺ 풍부한 ❻ 적성
2. ❷ 사 ❸ 자 ❹ 가 ❺ 수
3.

❶ 어렸을 때부터 상상력이 풍부합니다. •	• 빚을 많이 졌어요.
❷ 날마다 뉴스를 듣습니다. •	• 살이 5Kg이나 쪘어요.
❸ 공부에는 관심이 없습니다. •	• 집을 한 채 샀어요.
❹ 육식만 합니다. •	• 대학교 시험에 떨어졌어요.
❺ 돈을 아끼지 않고 막 씁니다. •	• 영화감독이 됐어요.
❻ 낭비하지 않고 열심히 저축합니다. •	• 듣기 실력이 아주 좋아졌어요.

❷ 날마다 뉴스를 듣, 듣기 실력이 아주 좋아졌어요. ❸ 공부에는 관심이 없, 대학교 시험에 떨어졌어요. ❹ 육식만 하, 살이 5Kg이나 쪘어요. ❺ 돈을 아끼지 않고 막 쓰, 빚을 많이 졌어요. ❻ 낭비하지 않고 열심히 저축하, 집을 한 채 샀어요.

4. ❷ 전화를 받 ❸ 듣지 않 ❹ 밤을 새워 가면서 공부하, 수석 졸업을 했군요. ❺ 건강을 돌보지 않고 일만 하시더니 결국 병이 나셨어요. ❻ 그렇게 잘난 척을 하더니 창피하겠어요.
5. ❷ 가정환경이 좋으면 ❸ 월급이 많으면, 일이 적성에 맞아야지요. ❹ 영어를 잘 하면, 일 처리 능력이 뛰어나야지요. ❺ 외모가 멋있으면, 노래 실력이 좋아야지요. ❻ 공부를 잘 하면, 인간성이 좋아야지요.
6. ❷ 필기시험을 잘 보면 ❸ 월급이 인상되면, 아이들 교육 때문에 여전히 생활비가 모자라는데요. ❹ 아파트 값이 내리면, 우리 같은 사람은 살 생각도 못하는데요. ❺ 시험 공부 계획을 잘 세우면 뭘 해요? 계획을 지켜서 시험을 잘 봐야지요. ❻ 적극적이고 활달하면 뭘 해요? 너무 덜렁거려서 실수를 많이 하는데요.

2과 3항

1. ❷ 자라 ❸ 부족하다 ❹ 외동딸로 ❺ 싸웠는지 ❻ 장남이
2. ❷ 건조해져서 ❸ 습하 ❹ 쌀쌀해서 ❺ 화창하
3. ❷ 단어만 많이 외울 ❸텔레비전을 볼 ❹ 그냥 참을 ❺ 꽃만 사 줄, 좋아한다고 고백해 보세요. ❻ 관련 서적을 읽을, 직접 문화 체험 활동을 해 보세요.
4. ❷ 혼자 고민만 할 ❸ 사전만 찾을 ❹ 약만 먹을 ❺ 무조건 다 도와줄 게 아니라 스스로 해결하게 두세요. ❻ 그냥 기다릴 게 아니라 연락을 한번 해 보세요.
5. ❷ 말을 시작했다 ❸ 친구들을 만났다 ❹ 친한 친구와 전화를 했다, 한 시간 이상 한다. ❺ 인터넷 게임을 했다, 밤을 샌다. ❻ 화가 났다, 이틀 이상 말을 안 한다.
6. ❷ 먹었다 ❸ 책을 읽었다 ❹ 운동을 했다 ❺ 게임 대회에 나갔다 하면 우승을 하곤 했어요. ❻ 자전거를 탔다 하면 이 정도는 탑니다.

2과 4항

1. ❷ 명상이 ❸ 귀 기울여야 ❹ 쓰러지셔서 ❺ 타고난
2. ❷ 당뇨병 ❸ 위염 ❹ 치매 ❺ 소화불량 ❻ 두통
3. ❷ 불이 날 ❸ 전쟁이 일어날 ❹ 다칠 ❺ 많은 사상자가 발생할 ❻ 손해를 입을
4. ❷ 준비를 못할 ❸ 큰일날 ❹ 자동차를 가지고 올 ❺ 출근하는 길에 사고가 나서 회사에 못 올 뻔 했어요. ❻ 몇 달 전에 예매를 해서 구했는데 조금만 늦었으면 못 살 뻔 했어요.
5. ❷ 새로 나온 영화를 개봉한다기에 ❸ 시청 앞에서 세계 음식 축제가 열린다기에 ❹ 백화점 바겐세일이 시작된다기에 ❺ 코엑스에서 취업 설명회가 있다기에 ❻ 이번 주말에 비가 온다기에
6. ❷ 요가가 건강에 좋다기에 ❸ 봉사 활동을 하신다기에 ❹ 중국어를 배우면 취직에 도움이 된다기에 배워보려고요. ❺ 운동이 혈압 조절에 좋다기에 매일 운동을 하고 있어요. ❻ 오늘은 시청 주위가 많이 막힌다기에 버스를 타고 왔어요.

2과 5항

듣기 연습

1. ❷ 2. ❶ O ❷ X ❸ X ❹ O

읽기 연습

1. ❸ 2. ❶ O ❷ X ❸ O ❹ X

말하기 · 쓰기 연습

(생략)

의성어 연습

1. 보글보글 2. 딸랑딸랑 3. 펑 4. 꼬르륵 5. 쿨쿨 6. 풍덩 7. 훅 8. 앵 9. 윙 10. 덜컹덜컹

제3과 일상의 문제

3과 1항

1. ❷ 벽걸이 ❸ 매장 ❹ 제품을 ❺ 설치 ❻ 반품이
2. ❷ 구입 ❸ 교환 ❹ 환불 ❺ 배송
3. ❷ 영화를 보 ❸ 술을 마시, 시간이 너무 일러요. ❹ 걸어서 가, 좀 멀어요. ❺ 제가 읽, 너무 어려워요. ❻ 수영을 하, 날씨가 좀 쌀쌀해요.
4. ❷ 공부하 ❸ 학교에 지하철로 다니, 안 좋아요. ❹ 운동하, 적당해요. ❺ 장을 보기에는 편리해요. ❻ 하숙비가 한 달에 70만 원이어서 학생이 살기에는 하숙비가 너무 비싸요.
5. ❷ 음식을 해 놓 ❸ 거스름돈을 받, 천 원을 덜 받았어요. ❹ 운동 기구를 사 놓, 자주 사용할 것 같지 않아서 산 것이 후회가 돼요. ❺ 지하철에서 내리, 내려야 할 곳이 아니었어요. ❻ 과로로 쓰러지, 건강이 얼마나 소중한지를 알겠어요.
6. ❷ 되 ❸ 휴학하, 학교 생활이 그립네. ❹ 얘기하, 괜히 얘기한 것 같아. ❺ 끝내고 보니 일이 별로 만족스럽지 않네요. ❻ 장사를 시작하고 보니 어려운 일이 한두 가지가 아니에요.

3과 2항

1. ❷ 무시하 ❸ 틀 ❹ 휴식을 ❺ 어쩔 수 없이
2. ❷ 피해를 입은 ❸ 손해를 봤어요 ❹ 손해를 끼치 ❺ 영향을 받아서 ❻ 피해를 주는
3. ❷ 이렇게 가게 점원이 불친절해서야 ❸ 이렇게 물가가 많이 올라서야, 생활할 수 있 ❹ 이렇게 차가 막혀서야, 제 시간에 도착할 수 있 ❺ 이렇게 물건의 품질이 나빠서야, 많이 팔리 ❻ 이렇게 공부를 안 해서야, 시험을 잘 볼 수 있
4. ❷ 이렇게 주차 공간이 부족해서야 ❸ 그렇게 수줍음을 많이 타서야, 사회 생활을 잘 할 수 있 ❹ 그렇게 돈을 막 써 버려서야, 돈을 모을 수 있 ❺ 그렇게 회사가 멀어서야 어디 다닐 수 있겠어요? ❻ 이렇게 경제가 안 좋아서야 어디 외국인들이 투자하겠어요?
5.

❶ 월급이 많습니다. •	• 예의를 지켜야 해요.
❷ 고생을 많이 합니다. •	• 물어보면 안 돼요.
❸ 가까운 사이입니다. •	• 봉사 활동을 계속 할 거예요.
❹ 능력이 뛰어납니다. •	• 일이 적성에 안 맞으면 안 다닐 거예요.
❺ 점원이 사라고 권합니다. •	• 성실하지 않으면 성공하지 못해요.
❻ 결과가 어떻게 나왔는지 궁금합니다. •	• 필요없으면 사지 마세요.

❷ 고생을 많이 한다고, 봉사 활동을 계속 할 거예요. ❸ 가까운 사이라고, 예의를 지켜야 해요. ❹ 능력이 뛰어나다고, 성실하지 않으면 성공하지 못해요. ❺ 점원이 사라고 권한다고, 필요없으면 사지 마세요. ❻ 결과가 어떻게 나왔는지 궁금하다고, 물어보면 안 돼요.

6. ❷ 성형 수술을 해서 예뻐진다고 ❸ 5급에 못 올라간다고, 한국어 공부를 포기하지 않을 거예요. ❹ 친구가 먼저 사과한다고, 화해를 안 할 거예요. ❺ 다시 태어난다고 해도 지금 내가 하고 있는 일을 계속 할 거예요. ❻ 우승하지 못한다고 해도 최선을 다할 거예요.

모범 답안

3과 3항

1. ❷ 부스럭거리는 ❸ 방해가 되 ❹ 망설였다 ❺ 잠을 설치는 ❻ 맞춰
2. ❷ 시인하다 ❸ 부인하다 ❹ 불평하다 ❺ 합의하다 ❻ 고소하다
3.

❶ 카드를 활용했습니다.	기름값이 많이 절약됐어요.
❷ 금연 껌을 씹었습니다.	단어가 더 잘 외워져요.
❸ 소형차로 바꿨습니다.	담배를 쉽게 끊을 수 있었어요.
❹ 여행을 같이 갔습니다.	한국어 실력이 향상됐어요.
❺ 가격을 비교해 봤습니다.	별로 차이가 없었어요.
❻ 한국 친구하고 말하기 연습을 많이 했습니다.	친구와 더 가까워졌어요.

❷ 금연 껌을 씹었더니 담배를 쉽게 끊을 수 있었어요. ❸ 소형차로 바꿨더니 기름 값이 많이 절약됐어요. ❹ 여행을 같이 갔더니 친구와 더 가까워졌어요. ❺ 가격을 비교해 봤더니 별로 차이가 없었어요. ❻ 한국 친구하고 말하기 연습을 많이 했더니 한국어 실력이 향상됐어요.

4. ❷ 잘잘못을 따졌더니 ❸ 영수 씨한테 연락을 했더니 참석을 못한다고 했어요. ❹ 예매하려고 알아봤더니 벌써 매진됐던데요. ❺ 하루도 빠짐없이 운동을 했더니 체력이 좋아졌어요. ❻ 구인 광고를 냈더니 지원자가 많이 몰려들었어요.
5. ❷ 먹을 ❸ 창피해서 부를 ❹ 화가 나서 그냥 있을 ❺ 짜증이 나서 기다릴 ❻ 배가 고파서 참을
6. ❷ 안 들어줄 ❸ 시끄러워서 살 ❹ 너무 아파서 참을 ❺ 너무 고가의 제품이라서 받을 수가 있어야지요. ❻ 피해를 입은 적이 하도 많아서 믿을 수가 있어야지요.

3과 4항

1. ❷ 한꺼번에 ❸ 빼 ❹ 치 ❺ 가까이
2. ❷ 전세 ❸ 월세로 ❹ 보증금 ❺ 세입자 ❻ 계약서를
3. ❷ 집을 사고 팔 때 계약을 확실하게 해야지 ❸ 오해가 생겼을 때 바로 풀어야지, 계속 좋은 관계를 유지할 수 없을 거예요. ❹ 옷을 따뜻하게 입어야지, 감기에 걸릴 거예요. ❺ 돈을 아껴 써야지, 돈을 모을 수 없을 거예요. ❻ 휴식을 잘 취해야지, 건강을 빨리 회복할 수 없을 거예요.
4. ❷ 영수증을 잘 보관해야지 ❸ 약을 꼬박꼬박 먹어야지, 병이 빨리 안 나을 거예요. ❹ 적성에 맞는지 안 맞는지 잘 생각해야지, 직장 생활을 잘 할 수 없을 거예요. ❺ 환기를 잘 해야지 그렇지 않으면 건강이 나빠질 거예요. ❻ 음식 조절을 잘 해야지 그렇지 않으면 위염을 고치기가 어려울 거예요.
5. ❷ 물가가 쌌으면 ❸ 입에 맞았으면 음식도 안 해 먹 ❹ 여행 안내원을 구했으면 헤매지도 않 ❺ 우산을 가지고 갔으면 비도 안 맞 ❻ 비행기를 탔으면 멀미도 안 하
6. ❷ 친구도 많이 사귀 ❸ 전원주택으로 이사를 했으면 한적하 ❹ 돈을 많이 모았으면 차도 사 ❺ 동창회에 갔으면 오랜만에 친구들도 만나고 얼마나 좋았겠어요? ❻ 합의했으면 걱정도 안 하고 얼마나 좋았겠어요?

3과 5항

듣기 연습

1. ❹
2.

❶ 주거 환경 문제	개가 짖는 소리가 시끄럽고 냄새가 많이 나다 보니 쾌적한 주거 환경이 만들어질 수 없다.
❷ 위험성 문제	개한테 물리는 일이 있다.
❸ 건강 문제	건강에 해를 입힐 수 있는 개 회충알이 있다.

3. 법 규정을 만들어 벌금을 내게 해야 한다.

읽기 연습

1. ❸ 2. ❷ 3. ❶ O ❷ O ❸ X ❹ O

말하기 · 쓰기 연습

(생략)

한자성어 1 연습

1. 유언비어를 2. 막상막하야 3. 대기만성이란 4. 유비무환 5. 다다익선이지요

제4과 현대 한국의 문화

4과 1항

1. ❷ 공간으로 ❸ 개발할 ❹ 놀이 ❺ 즐길
2. ❷ 씨름 ❸ 강강술래 ❹ 윷놀이 ❺ 연날리기
3. ❷ 여행 정보도 알아볼, 비행기 표도 예약할, 여행사에 가려고 해요. ❸ 사전 종류도 살펴볼, 새로 나온 책도 살, 서점에 가려고 해요. ❹ 밀린 휴대 전화 요금도 낼, 통장도 만들, 은행에 가려고 해요. ❺ 며칠 전에 산 청바지도 바꿀 겸 부모님 선물도 살 겸 백화점에 가려고 해요. ❻ 공연도 볼 겸 서울 야경도 구경할 겸 서울 타워에 가려고 해요.
4. ❷ 바다도 볼, 아름다운 경치도 구경할 ❸ 운동도 할, 기름값도 아낄 ❹ 축구도 할, 한국 친구들도 사귈, 축구 동아리에 가입했어요. ❺ 돈도 벌 겸 좋아하는 수영도 할 겸 바닷가에서 일하기로 했어요. ❻ 경험도 쌓을 겸 외국 여행도 할 겸 자원 봉사를 했어요.
5. ❷ 지난 주말에 월드컵 경기장에서 한국 대 일본 축구 경기가 열렸다던데 ❸ '서울시 외국인 장기 자랑 대회'에 참가할 학생들을 모집한다던데 참가 신청할 거예요? ❹ 대통령이 자신의 재산을 기부하기로 했다던데 정말이에요? ❺ 한국에는 '명절 스트레스'라는 말이 있다던데 무슨 뜻이에요? ❻ 한글을 공식 문자로 쓰는 해외 소수 민족이 생겼다던데 사실이에요?
6. ❷ 생강차가 감기에 좋다던데 ❸ 난타 공연이 재미있다던데 ❹ 연휴에는 고속도로가 많이 막힌다던데 기차로 가세요. ❺ 줄넘기나 스트레칭이 도움이 된다던데 한번 시켜 보세요. ❻ 웨이씨가 이번에 일본에 갔다 왔다던데 물어보세요.

4과 2항

1. ❷ 흘리 ❸ 완전히 ❹ 후후
2. ❷ 떫은 ❸ 비린 ❹ 느끼하 ❺ 담백하 ❻ 씁쓸한 ❼ 매콤하 ❽ 고소합니다
3. ❷ 우리 부서에서 제일 일찍 출근하시는걸요. ❸ 생일까지 챙겨 주시는걸요. ❹ 김 과장님이 회의 자료까지 다 정리해 놓으시는걸요. ❺ 우리한테 꼭 존댓말을 쓰시는걸요. ❻ 오히려 잘 했다고 칭찬해 주셨는걸요.
4. ❷ 아직도 몰라서 실수하는 게 많은걸요. ❸ 공기도 좋고 해서 살기가 좋은걸요. ❹ 도움을 많이 받았는걸요. ❺ 벌써 완전히 회복되셔서 퇴원하셨는걸요. ❻ 오히려 초대해 주셔서 감사한걸요.
5. ❷ 10년 전, 90만원이 증가했다. ❸ 미국의 커피값, 2천원이 비싸다. ❹ 영국의 전업 주부 연봉, 3천만원이나 낮은 것이다. ❺ 작년 기름값에 비하면 300원이나 오른 것이다. ❻ ㄱ 사이트에 비하면 5만원이나 비싸다.
6. ❷ 다른 아이들 ❸ 기숙사, 비용이 많이 들어요. ❹ 5년 전, 물가가 많이 올랐어요. ❺ 입사했을 때에 비하면 요즘은 회사 생활에 많이 적응이 된 것 같아요. ❻ 맞아요, 다른 한국음식에 비하면 잡채는 만들기가 힘든 음식이에요.

4과 3항

1. ❷ 마찬가지예요 ❸ 놀라워요 ❹ 세대 차이를 ❺ 번역하는 ❻ 게다가
2. ❷ 고백하 ❸ 거절할까 ❹ 격려해 ❺ 칭찬해 ❻ 권해
3. ❷ 직원이, 학생이 ❸ 음식이, 술이 ❹ 남자, 여자, 기숙사에 친구를 초대할 수 없습니다 ❺ 이용하, 안 하, 도서 정리를 해야 합니다 ❻ 나이가 많, 적, 무조건 존댓말을 사용해야 합니다.
4. ❷ 싫, 좋 ❸ 시험 기간이, 아니 ❹ 특별한 일이 있, 없 ❺ 건강이 좋건 나쁘건 항상 운동을 해야지요. ❻ 우리 부서 상사건 아니건 인사를 해야지요.
5. ❷ 한국의 건강 보험 제도가 매우 좋다고들 ❸ 뭐니뭐니해도 밥이 보약이라고들 ❹ 대중교통을 이용하는 사람이 많아졌다고들 ❺ 요즘은 봄가을이 짧아진

모범 답안

것 같다고들 한다. ❻ 은행 수수료를 내려야 한다고들 한다.

6. ❷ 좋다고들 ❸ 휴지나 세제같은 생필품을 선물한다고들 ❹ 전자 상가가 싸다고들, 한번 가 보세요. ❺ 요즘은 인터넷을 통해 일자리를 찾는다고들 하던데요. ❻ 몸집은 커졌지만 오히려 체력은 떨어졌다고들 해요.

4과 4항

1. ❷ 답사하 ❸ 벅차다 ❹ 공유할 ❺ 그만이다 ❻ 관찰한
2. ❷ 취미 활동을 하 ❸ 봉사하면서 ❹ 자기 계발을 하는 ❺ 체험해
3. ❷ 침대며 책상이며 ❸ 한국 음식이며 외국 음식이며 ❹ 컴퓨터며 에어컨이며 ❺ 24시간 편의점이며 찜질방이며 ❻ 인삼차며 생강차며
4. ❷ 교통편이며 날씨 정보며 ❸ 옷이며 가방이며 없는 게 없어요. ❹ 한국어 강의며 한국 문화 프로그램이며 다양한 프로그램이 있어요. ❺ 책이며 CD며 없는 게 없어요. ❻ 야외 식물원이며 전시관이며 볼거리가 많이 있던데요.
5. ❷ 여간 아름다운 ❸ 여간 많 ❹ 여간 힘든 ❺ 여간 어렵 ❻ 여간 바쁜
6. ❷ 시끄러운 ❸ 힘들 ❹ 여간 돈이 많이 드는 ❺ 룸메이트와 성격이 안 맞아서 여간 힘든 게 아니에요. ❻ 네, 시차에 적응이 안 되어서 여간 피곤한 게 아니에요.

4과 5항

듣기 연습

1. ❷ 2. ❶ 경주에 대한 이미지를 새롭게 하기 위해서 ❷ 관광객들에게 특별한 추억을 제공하기 위해서 3. ❶ O ❷ O ❸ X ❹ X

읽기 연습

1. ❷ 2. ❶ 3. ❶ 양반 문화와 전통을 알리려고 ❷ 마을을 발전시키려고

말하기 · 쓰기 연습

(생략)

한자성어 2 연습

1. 팔방미인이네요 2. 이심전심이네 3. 작심삼일이라는 4. 부전자전이구나 5. 동문서답이야

제5과 시간과 변화

5과 1항

1. ❷ 목록 ❸ 유통기한이 ❹ 기술 ❺ 표시 ❻ 산지
2.

	❶ 시	절				❺ 현	재
❷ 세	대		❸ 옛		❻ 고	대	
기		❹ 훗	날				

3. ❷ 캐나다 ❸ ㄷ전자 대리점, 올 여름 에어컨 판매량이 3만 대로 늘었다. ❹ 동대문 시장, 하루에 2천 명의 외국인이 방문한다. ❺ 자동차, 구입한 지 5년이 되면 교체한다. ❻ 감, 판매가가 한 개에 7백 원으로 떨어졌다.
4. ❷ 우리 집 ❸ 우리 동네, 주차하려면 한참 걸려요. ❹ 우리 조카, 수영을 가르쳐 달라고 난리예요. ❺ 네, 음식값만 해도 한 달에 백만 원 이상 들어요. ❻ 우리 할아버지만 해도 일하시려고 일자리를 찾고 계세요.
5. ❷ ㄱ, 그렇게 지나치게 조심하, 아무 일도 못할 거예요. ❸ ㄴ, 그렇게 빨리 뛰어가, 넘어질지 몰라요. ❹ ㄴ, 그렇게 계획을 미루, 일이 빨리 끝나지 않을 거예요. ❺ ㄱ, 그렇게 예의 없이 행동하, 모든 사람들이 싫어하게 될지 몰라요. ❻ ㄱ, 이렇게 사람들이 소비를 안 하, 회사들이 망하겠어요.
6. ❷ 그렇게 공부를 안 하 ❸ 이렇게 아이를 안 낳, 나중에 일할 사람이 부족해질 거예요. ❹ 그렇게 불규칙적으로 먹, 건강이 나빠질 거예요. ❺ 그렇게 여유를 부리다가는 다음 주까지 일을 못 끝낼 거예요. ❻ 그렇게 계획 없이 생활하다가는 일을 제대로 못하게 될 거예요.

5과 2항

1. ❷ 중매를 ❸ 배우자를 ❹ 맞벌이를 ❺ 신세대 ❻ 결혼관을
2. ❷ 파혼을 ❸ 혼수 ❹ 재혼 ❺ 기혼 ❻ 혼기를
3. ❷ 올해 사업 결과 ❸ 판매 규정, 구입한 지 3일 안에는 교환이 가능하대요. ❹ 오늘 아침 뉴스, 이혼율이 점점 높아지고 있대요. ❺ 결혼관에 대한 조사, 요즘 직장을 가진 여성을 선호하는 남성들이 많대요. ❻ 조선 시대 역사책, 옛날에는 호랑이가 시내에 자주 나타났었대요.
4. ❷ 학교에서 발표한 내용 ❸ 아파트 안내 방송, 오후 5시 쯤 나온대요. ❹ 정부 발표, 다음 주에 금리를 인하할 거래요. ❺ 일기예보에 의하면 날씨가 화창할 거래요. ❻ 외교 전문가 말에 의하면 몇 십 년 후에 통일이 될 거래요.
5. ❷ 한국말을 모르 ❸ 신발을 신, 방에 들어갈 수 없어요. ❹ 현재 인원만 가지, 일을 다 끝낼 수 없어요. ❺ 한 번만 만나, 어떤 사람인지 알 수 없어요. ❻ 반바지를 입, 회사에 갈 수 없어요.
6. ❷ 그렇게 화려한 옷차림을 하 ❸ 사진만 보, 잘 알 수 없어서 직접 가 보려고 해요. ❹ 아이를 집에 혼자 두, 나갈 수 없어요. ❺ 하이힐을 신고서는 산에 빨리 올라갈 수 없어요. ❻ 취업 정보를 모르고서는 좋은 회사에 취직할 수 없어요.

5과 3항

1. ❷ 안전 ❸ 악용 ❹ 제약이 ❺ 안심 ❻ 침해
2. ❷ 저작권 ❸ 초상권 ❹ 명예 훼손 ❺ 인권
3. ❷ 짙은 안개로 ❸ 테러 발생으로, 관광객이 많이 줄었어요. ❹ 폭우로, 건물이 무너졌어요. ❺ 저작권 침해로, 피해 사례가 많아지고 있어요. ❻ 정신적 스트레스로, 우울증 환자가 많아졌어요.
4. ❷ 지나친 흡연으로 ❸ 불경기로, 요즘 유명 대학교를 졸업하고도 취직을 못하는 학생들이 많아요. ❹ 기름값 상승으로, 대중교통을 이용하는 사람이 많아졌어요. ❺ 여러 가지 고민거리로 인해 어려움을 겪는 사람들이 상담실을 찾고 있어요. ❻ 네, 환율 상승으로 인해 요즘 외국 관광객들이 많이 늘었어요.
5. ❷ 감독에게 ❸ 회사에서 필요한 인재 확보에 ❹ 본인의 노력에 ❺ 직장 생활을 즐겁게 할 수 있냐 없냐는 그 직업이 적성에 맞냐 안 맞냐에 ❻ 부자가 되냐 안 되냐는 얼마나 절약을 하냐에
6. ❷ 한국의 청소년들에게 ❸ 행복은 사람의 마음먹기에 ❹ 승진을 할 수 있냐 없냐는 얼마나 노력하냐에 ❺ 입사 시험에 합격할 수 있냐 없냐는 시험 준비를 얼마나 많이 했냐에 달려 있어요. ❻ 제품이 얼마나 많이 팔리냐는 기술 개발에 달려 있어요.

5과 4항

1. ❷ 신기하 ❸ 사고방식과 ❹ 관찰력이 ❺ 정장을 ❻ 보수적
2. ❷ 진보적 ❸ 폐쇄적 ❹ 개방적 ❺ 의존적 ❻ 개성적
3.

❶ 지난번에는 거절을 했습니다.	• 직장에 들어간 후로는 절약하면서 살아요.
❷ 전에는 자주 덜렁거렸습니다.	• 요즘은 실수를 거의 안 해요.
❸ 대학생 때는 낭비를 많이 했습니다.	• 작년부터 사 먹어요.
❹ 전에는 낯을 많이 가렸습니다.	• 요즘은 건강해졌어요.
❺ 어릴 때는 감기에 잘 걸렸습니다.	• 지금은 모르는 사람한테 말도 잘 걸어요.
❻ 전에는 김치를 담가 먹었습니다.	• 어제는 부탁하니까 들어줬어요.

❷ 전에는 자주 덜렁거리, 요즘은 실수를 거의 안 해요. ❸ 대학생 때는 낭비를 많이 하, 직장에 들어간 후로는 절약하면서 살아요. ❹ 전에는 낯을 많이 가리, 지금은 모르는 사람한테 말도 잘 걸어요. ❺ 어릴 때는 감기에 잘 걸리, 요즘은 건강해졌어요. ❻ 전에는 김치를 담가 먹, 작년부터 사 먹어요.

4. ❷ 처음에는 운전을 잘 못하 ❸ 의존적으로 행동하, 유학을 간 후로는 독립적으로 행동해요. ❹ 전에는 편식을 많이 하, 이제는 골고루 잘 먹어요. ❺ 아침에는 교통 상황이 안 좋더니 지금은 교통 체증이 많이 풀렸어요. ❻ 지난달까지만 해도 잘 안 팔리더니 요

모범 답안

즘은 많이 나아졌어요.

5. ❷ 벌을 받 ❸ 착한 일을 많이 하면 좋은 일이 많이 생기 ❹ 다른 사람에게 잘못을 하면 사과를 해야 하 ❺ 같은 음식을 날마다 먹으면 싫증이 나 ❻ 도움을 받으면 보답을 해야 하

6. ❷ 체하 ❸ 친구들의 얘기를 잘 들어주지 않으면 친구가 없 ❹ 일을 대충대충 하면 실수를 하 ❺ 약을 제시간에 먹지 않으면 감기가 낫지 않는 법이에요 ❻ 자신의 능력을 충분히 발휘할 수 없으면 직장 생활을 즐겁게 하지 못하는 법이에요

5과 5항

듣기 연습

1. 인터넷, 대중 매체 등이 발달했기 때문이다. 2. ❶ 인터넷에 다른 사람의 글, 그림, 사진, 음악 등을 마음대로 갖다 쓴다. ❷ 컴퓨터 프로그램을 개인 CD에 구워서 나눠 준다. 3. ❶ O ❷ O ❸ X ❹ O

읽기 연습

1. ❹ 2. ❶ 3. ❷

말하기 · 쓰기 연습

(생략)

복습문제(1과~5과)

Ⅰ. 1. 우연히 2. 피해를 3. 미혼 4. 나날이 5. 분명히 6. 의존적으로 7. 달리 8. 적응이 9. 악용 10. 용기가

Ⅱ. 1. 색다른 2. 설치하 3. 따져 4. 선호하는 5. 방해가 돼요 6. 권해서 7. 개발하 8. 격려해 9. 살펴봐야 10. 합의해야

Ⅲ. 1. ❶ 2. ❷ 3. ❷ 4. ❸ 5. ❹

Ⅳ. 1. ❹ 2. ❷ 3. ❸ 4. ❷ 5. ❶

Ⅴ. 1. ❸ 2. ❶ 3. ❷ 4. ❹ 5. ❸

Ⅵ. 1. ❶ 2. ❷ 3. ❶ 4. ❸ 5. ❷

Ⅶ. 1. 맞벌이를 한다고, 저축을 많이 하는 것은 아닌 것 같아. 2. 일을 하, 실수할 때도 있지요. 3. 음악도 감상할, 친구도 사귈, 가입했어요. 4. 전에 다니던 회사, 근무 환경이 훨씬 좋아요. 5. 중학교 1학년이 공부하, 좀 벅찰 것 같은데요. 6. 아파트 주거 환경을 좋게 만드는 것은 아파트 주민들에게 7. 말을 듣지 않는다고, 체벌을 하면 안 되지요. 8. 참석하, 안하 9. 초대해 주셔서 오히려 제가 감사한걸요. 10. 부친다 부친다, 아직도 못 부치고 있어요. 11. 경주 시내에 있는 호텔이 편리하다고들 12. 영어로만 말하, 실력이 전혀 늘지 않을 거예요. 13. 신용 카드며 신분증이며 14. 요즘 감기가 유행이라던데 빨리 병원에 가 보세요. 15. 잃어버리지 않, 주머니에 꼭 넣어 가지고 다니세요. 16. 잡지에 내가 아는 사람이 나왔다기에 샀어요. 17. 자주 먹, 생선회의 깊은 맛을 알게 됐어요. 18. 과속으로, 사고가 났어요. 19. 도시 근교로 이사하, 복잡하고 시끄러운 도심이 그리워지네요. 20. 연락을 자주 안 하면 사이가 멀어지는

Ⅷ. 1. 물건 값이 싸긴 한데 제품의 질이 좀 떨어집니다. 2. 친할수록 예의를 지켜야지 그렇지 않으면 관계가 나빠집니다. 3. 갑작스런 일이 생길 수 있으니까 계획을 세워 가면서 일을 하세요. 4. 사원들이 편히 휴식을 취할 수 있도록 휴게실을 마련해 줬어요. 5. 친구에게 오랜만에 전화를 했더니 친구가 내 목소리를 알아듣지 못했어요.

Ⅸ. 1. ❶ 지도가 있으면, 나침반이 없는데요. ❷ 지도만 가지, 길을 찾을 수 없었어요. ❸ 무서운 ❹ 그 사람의 도움이 없었더라면 ❺ 집에 돌아오지 못할 ❻ 회사 사람들이 나를 무시하는지 ❼ 내가 무슨 의견만 냈다, 받아들이려고 하지 않아요. ❽ 그래서야, 일할 맛이 나 ❾ 취직하기가 어려워서 그만둘 ❿ 다른 회사를 선택했으면 회사 생활도 즐겁게 하

지문출처

과	통합 과제	지 문 출 처
1과 5항	읽기 연습	한국일보 2004. 12. 8일자 참조
3과 5항	읽기 연습	투데이 코리아 2008. 2. 29일자 참조
5과 5항	읽기 연습	한국 갤럽 2007. 2. 16일자, 2007. 3. 20일. 한국 갤럽 Release